AF280665

Christian Koch

Waldschrats Abenteuerküche

Ein märchenhaftes Kochbuch

Bibliografische Information der Deutschen Nationalbibliothek:
Die Deutsche Nationalbibliothek verzeichnet diese Publikation in
der Deutschen Nationalbibliografie; detaillierte bibliografische
Daten sind
im Internet über www.dnb.de abrufbar.

© 2025 Christian Koch
Satz und Gestaltung: Christian Koch
Umschlaggestaltung: Christian Koch
Verlag: BoD · Books on Demand GmbH, Überseering 33,
22297 Hamburg, bod@bod.de
Druck: Libri Plureos GmbH, Friedensallee 273, 22763 Hamburg

www.artale.de

ISBN 978-3-7693-1305-5

»Ein Messer muss ich nicht schnell handhaben, ich habe ja keine Stressküche. Es muss zärtlich sein zu dem, was es schneidet. Liebevoll geschnittene Zutaten danken mir das Gericht mit gutem Geschmack.«

(Erwin Niedermörtel)

Für all jene, die Kochen als Abenteuer verstehen, die wissen, dass Küchenwein dazugehört und all jene, die noch an Elfen glauben.

Erwin träumt in den Tag. Er träumt nicht von Suse, Hummelberta oder Pia, die erst im vergangenen Jahr hier in die Gegend gezogen ist und hinter den Bahngleisen wohnt. Auch nicht von Gesine, die ihm vor Jahren, als sie mit ihrem Zirkuswohnwagen durch diese Gegend zog, den Kopf verdreht hat - er träumt von einer Sommerküche.

Nein, es soll ein Abenteuerküche werden, nicht nur für den Sommer, für das ganze Jahr. Dort hinter seinem Haus auf der kleinen Wiese, die von dem Staketenzaun umgeben ist, sieht er einen Backofen mit einer Kochhexe daran entstehen. Weißer Rauch steigt aus dem Schlot empor und auf der Kochhexe köcheln Kartoffeln und bolivianische Bohnen. Im Bauch des Ofens ist der Bratschaben mit einem zerlegten Reh, eingelegt in Wurzelwerk, Weißwein und einem Schuss weißem Rum. Erwin wischt sich die Augen, zieht an seinem Zigarillostumpen und spült seinen Mund mit einem kräftigen Schluck Rotwein. Eine dicke Hummel taumelt durch die Frühlingsluft und Erwin muss sogleich an Berta denken, die er wegen ihrer schwarz-gelb geringelten Strümpfe liebevoll Hummelberta nennt. Ja, sie ist echt knuffig und manchmal schläft sie auch oben bei ihm in seinem Stübchen. Manchmal schläft dort auch Suse, aber das ist nicht problematisch, denn Suse und Hummelberta sind dicke Freundinnen. Er streckt die Beine lang aus, schnauft und sein Blick verliert sich am Waldrand hinter der Kuhweide. Es ist nachmittags im April kurz vor fünf Uhr und jetzt wird ihm kalt, hungrig ist er auch. Erwin geht in das Haus, zieht sich seine Lammfelljacke an, schneidet zwei Scheiben Brot ab, legt sie auf sein großes Käseholzbrett, dazu aufgeschnittenen Wildschweinschinken und eine handvoll Walnüsse, greift sich auch die Flasche Knoblauchschnaps, ein kleines Schnapsglas, das ihm Suse vom Antikhandel mitgebracht hat, balanciert alles nach draußen und setzt sich wieder auf die Bank. Käsebrett und Knoblauchschnaps stellt er auf den kleinen selbst gebauten Tisch aus Douglasienholz. Er beißt von der Stulle ab, schiebt sich zwei Scheiben Schinken in den Mund und zerdrückt in der Hand zwei Nüsse, die er säuberlich auspult. So geht das weiter. Nach zwei Knoblauchschnäpsen nimmt Erwins Plan Gestalt an.

Die Sonne geht unter und die feuchte Kälte lässt ihn zurück ins Haus gehen. Da sieht er linkerhand im Wald ein leichtes Glimmern näher kommen und weiß, dass die Elfe Hedwig ihm einen Besuch abstattet. In der Küche stellt er vorsorglich zwei rote Keramikbecher auf den Tisch, die Haustür hat er offen gelassen. Die Elfe schwebt in die Küche und zieht einen Schweif kalter Luft hinter sich her. Erwin schließt die Haustür.

»Hedwig, alte Nudel, was führt dich zum Abend noch hierher?«

»Ich habe deine Rauchzeichen bemerkt und dachte mir, da sitzt Erwin knasternderweise auf der Bank und heckt etwas aus. Nun, klärst du mich auf?«

»Ich habe den Blick in die Weite gerichtet, geträumt

und der Knoblauchschnaps hat meine Gedanken beflügelt. Es gibt ein neues Projekt.«

»Hast du von Suse geträumt?«

»Nee, auch nicht von Hummelberta.« Erwin nickt in Richtung Küchentisch. »Ich werde mir eine Kochhexe bauen.«

»Eine Kochhexe. Aha.«

»Ja, mit einem kleinen Backofen dran, der alte Ofen ist mir zu riesig, da brauche ich immer fast drei Karren voll Holz. Dann baue ich da ein Dach drüber und schon habe ich eine Abenteuerküche für jede Jahreszeit. Was sagst du dazu?«

»Toll, Erwin. Mit dir wird es nie langweilig.« Die Elfe faltet graziös ihre Flügel zusammen und setzt sich an den Küchentisch, Erwin gießt Rotwein in die Becher und beide stoßen an.

»Dann sollten wir das erst einmal richtig planen - also wir beide alleine, denn wenn Hummelberta oder Suse dabei sind, kannst du ja keinen klaren Gedanken fassen.«

»Na, ganz so schlimm ist es auch wieder nicht, aber du hast recht. Dann machen wir jetzt einen Plan.« Erwin holt aus dem Schubfach seines Küchenbüfetts einen Schreibblock und einen Bleistift.

»Also, zuerst die Materialfrage. Ich brauche alte Ziegelsteine, Kanthölzer, Dachlatten und Dachziegel. Eine alte Ofentür wäre auch nicht schlecht, da werde ich mich bei Trödlern umschauen.« Er notiert alles säuberlich, gießt Rotwein nach und lehnt sich zurück.

»Jetzt heißt es klotzen, sonst verpufft dein Vorhaben

wie dein abgebrannter Zigarillo, ich kenne dich doch.«
Hedwig hebt ihren Becher und grinst. Erwins
Augenbrauen kräuseln sich zusammen, er legt den
abgebrannten Zigarillostumpen in den Aschenbecher,
nimmt einen Schluck Rotwein und notiert wieder
etwas auf seinem Schreibblock.

»Damit du beruhigt bist, habe ich einen groben
Zeitplan verfasst: Noch im April Fundamente
herstellen, Steine besorgen und mit dem Mauern
beginnen, Holz bestellen, im Mai muss er zum
Probebacken und -kochen fertig sein, im Juni Dach
drüber und Anfang Juli Einweihungsparty. Zufrieden?«

»Sehr zufrieden. Ich werde mich umhören, wo was
zu holen ist, bin jetzt schließlich dein Bauberater. Zu
unserer nächsten Sitzung sollten wir uns etwas Feines
kochen, das ist dann gleich für deine Rezeptsammlung.
Ich habe letztens in meinem alten Kochbuch der
Römer und Griechen geschmökert, was hältst du von
einer Wildente mit Haselnüssen? Wir werden ein
wenig experimentieren, denn die Beschreibungen der
Zutaten sind da sehr ungenau.«

»Gute Idee, ich habe noch eine Wildente in der Ge-
friertruhe, die Eichenkötter geschossen hat.«

Bereits am nächsten Sonnabend schwebt die Elfe in
Erwins Küche, zieht ein kleines Notizbuch aus ihrer
Manteltasche und legt es auf den Tisch. Das
Notizbuch hat Flecken und Eselsohren vom vielen
Gebrauch. Erwin hat schon einige Zutaten bereit-
gestellt. Aber erst einmal zeigt er Hedwig eine Skizze.

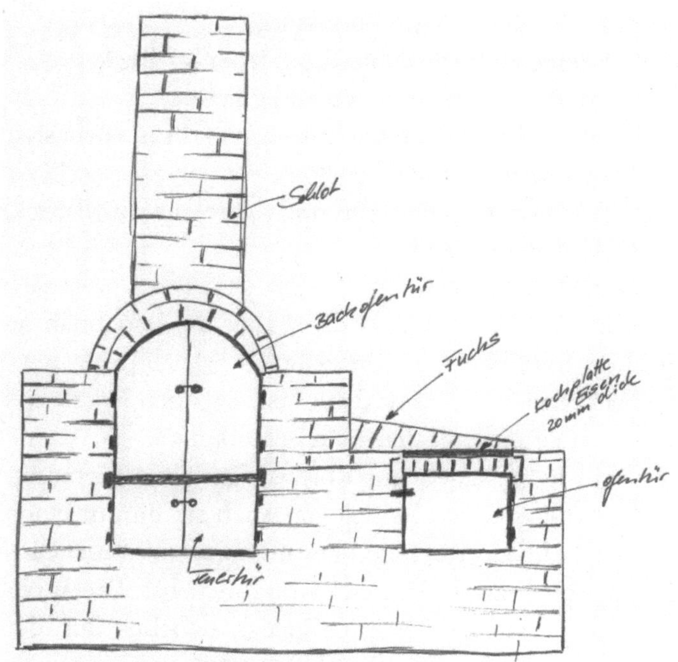

Hedwig schaut auf die Skizze, hält den Kopf ein wenig schief und fragt dann: »Was bedeutet Fuchs?«

»Das ist der Rauchabzug von der Hexe in den Schlot vom Backofen.«

»Raffiniert - und das funktioniert?«

»Muss.«

»Und wenn nicht?«

»Dann wird er abgerissen und steiler gemauert, aber eigentlich reicht eine geringe Neigung aus.«

»Erwin, du glaubst aber wirklich immer an dich.«

»Ja, muss ich als Waldschrat. Wenn etwas nicht so funktioniert, wie ich es mir ausdenke, dann korrigiere ich das - heimlich, ohne Publikum.«

»Verstehe, aber ich habe dich immer im Blick.«

»Du darfst das auch, du hältst ja dicht.«

»Danke. Dann bauen wir das so, wie du es vorhast.«

»Du baust mit? Wie denn?«

»Ich schwebe neben dir und halte den Zollstock, oder die Wasserwaage.«

»Gut, abgemacht.«

»Suse und Berta dürfen dann aber die Bauabnahme machen, mit Sekt und Konfekt.«

»Natürlich. Aber bis dahin ist es noch weit, lass mich erst einmal mit dem Bau beginnen.«

Erwin hebt seinen mit Rotwein gefüllten Keramikbecher und prostet Hedwig zu. Auch sie nimmt einen großen Schluck Rotwein, kramt dann in ihrer Umhängetasche und schlägt das Notizbuch auf. Die Wildente hat Erwin in die Spüle gelegt, daneben auf der Arbeitsfläche liegen Zwiebeln und eine Knolle Knoblauch, hinten an der Wand stehen ein Topf mit Petersilie, Schnittlauch und Minze. Die Elfe stellt eine Flasche Fischsauce dazu, ein kleines Fläschchen mit Rotweinessig und legt einen Streifen Speck, eine Tüte Rosinen und gehackte Haselnüsse daneben.

»Jetzt dürften wir alle Zutaten beisammen haben, Öl, Salz und Pfeffer stehen im Regal. Auf geht's.«

Hedwig schaut wieder in ihr Notizbuch und liest die Zutatenliste laut vor.

Wildente im Haselnussmantel

1 Wildente
200g gehackte Haselnüsse
Olivenöl
2 kleine Zwiebeln
2 Knoblauchzehen
Rosinen
Speck
Salz und Pfeffer
2 TL gehackte Petersilie, frisch oder getrocknet
2 TL gehackte Minze
1 ½ Tassen Rotwein
1 EL Rotweinessig
½ Tasse Fischsauce

»Die Ente füllen wir mit Zwiebeln, Knoblauch, Rosinen und Speck, du kannst schon mal die Zwiebeln klein schneiden, ich mache den Speck.«

»Du bist ganz schön verfressen, Hedwig. Warum muss da noch Speck rein?«

»Rede nicht so mit mir, ich möchte doch keinen trockenen Vogel essen. Beim Fasan wickelt man den Speck herum, aber hier haben wir ja den Haselnussmantel, der das Austrocknen verhindert.«

»Na ja, war nicht so gemeint. Aber manchmal wundert es mich schon, dass du so schlank bleibst, bei dem, was wir beide alles schon vertilgt haben.«

»Elfen werden nicht dick, merk dir das, Erwin.«

»Stimmt auch wieder, dann könntest du nicht mehr

fliegen und ich würde hier vereinsamen.«

»Wenn ich mal fett werde durch unsere Kocherei und nicht mehr fliegen kann, dann musst du mich mit deinem Handwagen abholen.«

»Abgemacht.« Erwin pellt Zwiebeln und Knoblauch, schneidet alles klein, spült dann die Ente noch einmal ab und legt sie in den Bratschaben. Beide füllen die Ente mit der Hälfte der gehackten Zwiebeln, Knoblauch, Rosinen und Speck bis sie voll ist, Hedwig verschließt sie mit einer Rouladennadel und gibt Salz und Pfeffer darüber. Dann schwitzt sie die restliche Zwiebel in Olivenöl an, gibt die gehackten Haselnüsse, Petersilie, Minze, Rotwein, Essig und Fischsauce dazu und lässt alles kurz aufkochen und dann reduzieren, bis der Sud dickflüssig ist. Mit diesem Sud übergießt sie die Ente im Bratschaben und schiebt diesen ohne Deckel in die Backröhre. Während die Ente schmirgelt, sitzen die beiden am Küchentisch und verfeinern Erwins Bauplanung; zwischendurch schöpft Hedwig ab und an Bratenfett über die Ente. Nach einer Flasche Rotwein hat Erwin eine ziemlich akkurate Materialliste erstellt, die Ente hat Farbe bekommen und Hedwig setzt Wasser für Kartoffelklöße auf.

Nach einem opulenten Mahl und einer weiteren Flasche Rotwein schlingert Hedwig in die kalte Luft des Frühlingsabends. Sie winkt Erwin zu und ruft:

»Halte schon mal den Handwagen bereit.«

Erwin sieht in der Ferne noch ihr Glimmern.

Erwin fährt in den Baumarkt und kauft Pfostenbeton für die Fundamente, dann schlendert er durch das Gartencenter und entdeckt Aroniabeerensträucher. Er kauft vier Stück und pflanzt sie noch am Nachmittag als Abgrenzung zu seinem Bauplatz. Es wird dunkel, Erwin geht ins Haus und setzt sich mit seinen Baunotizen, die auf losen Zettel stehen, an den Küchentisch. Mit den Maßen von Mauerziegeln zeichnet er einen genauen Grundriss. Zufrieden schenkt er sich den Becher voll Rotwein ein und raucht einen Zigarillo. Danach errechnet er anhand der erforderlichen Ziegellagen von Ofen und Schlot die benötigte Menge an Mauerziegeln, es sind 926 Stück. Nach einem weiteren Becher Rotwein und zwei Stullen mit Wildschweinschinken geht er erschöpft und glücklich nach oben in seine Schlafkammer, legt sich ins Bett und sehnt sich beim Einschlafen nach Hummel-berta oder Suse.

Am nächsten Vormittag schlägt Erwin Holzpfähle für die Fundamente in die Erde, winkelt sie aus und spannt Maurerschnur. Dann holt er aus dem Schuppen Spaten und Schaufel und hebt das Fundament aus. Er sitzt am Abend wieder zufrieden am Küchentisch und streicht den Posten *Fundamente ausheben* in seinen Notizen durch. Es klopft an der Haustür, Hedwig stattet ihm wieder einen Besuch ab. Sie begutachtet die Notizzettel auf dem Küchentisch.

»Da schau her, du hast ja schon angefangen.«

»Tja, der Zeitplan will eingehalten werden. Ich habe aber noch keine Idee, wo ich alte Mauerziegel herbekomme. Aber morgen fahre ich zu Eichenkötter, ob er mir das Bauholz gattert, vielleicht weiß der, woher ich welche bekommen kann.«

Hedwig zieht das Kochbuch der Antike aus ihrer Umhängetasche, legt es auf den Tisch und schlägt eine Seite auf. Mit dem Finger zeigt sie auf ein Rezept.

»Käsekuchen pikant. Den bereiten wir als Nächstes zu. Wir müssen uns nämlich auch mit den passenden Gerichten befassen und die ausprobieren. Du willst ja keine schnöden Allerleisachen kochen.«

»Na gut, das machen wir wieder am Wochenende, aber du musst die Zutaten besorgen, dazu habe ich keine Zeit.«

Die nächsten drei Tage schindert Erwin am Fundament. Der Rücken tut ihm weh und die kalte Frühlingsluft zaubert ihm Tropfen an die Nase, die er mit dem Ärmel abwischt. Jeden späten Nachmittag setzt er einen Topf Glühwein auf, der ihn aufwärmt und zufrieden schlafen lässt. So kann er auch den Posten *Fundamente herstellen* durchstreichen.

Tags darauf kommt Hedwig mit prall gefüllter Umhängetasche. Sie sieht den rot durchgestrichenen Posten auf dem Notizzettel und eilt sofort aus dem Haus, das Fundament zu betrachten.

»Du rackerst aber ganz schön Erwin, so hat es dich gepackt? Gut. Wir werden jetzt schauen, ob wir mit dem Rezept etwas anfangen können oder improvisieren müssen. Mach die Tür zu, es zieht, und gieß uns 'nen Rotwein ein, damit wir kreativ werden können.«

Antiker Käsekuchen pikant

500 g Ziegen- oder Schafskäse
130 g Mehl
1 Ei
1 EL Olivenöl
7 Lorbeerblätter

Hedwig liest aus dem Kochbuch vor:

»Den Käse in einer Schüssel zerbröseln, noch größere Brösel mit den flachen Händen kleinreiben, Mehl und Ei dazu tun und einen festen Teig kneten, zwischendurch das Olivenöl hinzugeben. Auf einem Backblech 7 bis 9 große Lorbeerblätter in einem Kreis, etwas kleiner als eine Tonschüssel, anordnen.«

»Warum das denn?«

»Na, ich denke, damit der Teig nicht ansetzt, die hatten ja damals noch kein Backpapier.«

»Ziemlich clever, die alten Griechen«

»Na, vielleicht haben ihnen das die Sibyllen eingeflüstert. So, aus dem Teig auf einem Brett einen flachen Kuchen formen, diesen auf den Lorbeerkreis legen und mit einer Tonschüssel abdecken. Backen, bis er goldbraun ist. Tja, 'nen Temperaturfühler hatten die auch noch nicht, keine Angabe, also müssen wir aufpassen. Das ist natürlich kein Kuchen, wie wir ihn kennen, sondern eine pikante Beigabe gewesen, wenn die hedonistischen alten Griechen und Römer ihre kulturellen und lukullischen Abende in auserwähltem Kreise abgehalten haben.«

»Tja, so ein Kreis sind wir ja auch.«

»Fehlt nur, dass du dichtest, Erwin.«

»Kommt auch noch.«

Erwin kramt einen runden Brottopf aus Steingut hervor und nimmt mit einem runden Holzbrett Maß, es hat ungefähr den Durchmesser wie der Topf. Die Elfe zerbröselt den Käse und beide rühren und kneten dann abwechselnd den Teig. Den formt Hedwig auf dem Holzbrett zu einem runden flachen Etwas, Erwin legt die Lorbeerblätter auf dem Backblech aus und der Käsekuchen wandert abgedeckt mit dem Tontopf in den Herd. Beide sind nun gespannt auf das Ergebnis; Erwin knastert noch einen Zigarillo und Hedwig gießt Rotwein nach. Da klopft es an der Haustüre, die gleich darauf geöffnet wird und Berta Höhenrausch betritt die Küche.

»Da schau her, sitzen hier gemütlich und faulenzen. Draußen wird es Frühling und ihr heizt euch ein.«

»Tach Berta«, flötet die Elfe, »wir haben einen Käsekuchen in der Röhre und darüber hinaus sind wir kreativ am Arbeiten. Möchtest du einen Rotwein?«

»Na, immer. Kreativ? Ihr beide? Sprich.«

Berta setzt sich zu den beiden an den Küchentisch, Erwin holt einen Becher und Hedwig gießt ein. Dann zeigt sie auf die Skizze und den Notizzettel.

»Erwin baut einen Backofen nebst Kochhexe.«

»Kochhexe? Ich dachte immer, du kochst verzaubernd und nicht verhext, Hedwig.« Berta lacht laut und ihr Goldzahn blinkt im Funzellicht der Küchenlampe.

»Du fliegst gleich raus, Berta, wenn du stänkerst.«

Die Elfe faltet graziös ihre Flügel zusammen und schaut Berta böse an.

»War doch nicht so gemeint, erklärt mir das ersteinmal genauer. Oh, das duftet hier aber. Was gibt es?«

»Antiken Käsekuchen nach pikanter Art.«

Hedwig schaut in den Ofen und dreht die Temperatur ein wenig runter. Erwin erklärt mittels der Skizze sein Vorhaben. Als Berta die Materialliste liest, tippt sie auf den Posten *alte Ziegelsteine*.

»Da weiß ich jemanden. Die alte Ziegelei ist doch im letzten Jahr verkauft worden, und neugierig wie ich bin, habe ich da vor einigen Tagen vorbeigeschaut. Pia hat die gekauft, scheint ganz in Ordnung zu sein, passt hier in unsere Gegend. Vielleicht kannst du Steine von dem verfallenen Anbau bekommen. Ich frage sie mal.«

»Berta, wenn wir dich nicht hätten, wie heißt die gute Frau weiter?«

»Pia Wollust.«

Hedwig hält sich die Hand vor den Mund und prustet, Erwin zieht eine Augenbraue hoch.

»Im Ernst? Oder verarschst du mich?«

»Die heißt wirklich so, aber du sollst sie ja nur wegen Ziegelsteinen fragen, hast doch mich und Suse.«

Während Berta ihren Weinbecher leertrinkt, zieht Hedwig das Backblech ein Stückchen aus dem Ofen, hebt mit einem Backhandschuh den Topf ein wenig an und lugt darunter. Sie nickt und stellt dann den Drehregler auf Null.

»Der Käsekuchen sieht goldgelb aus und wir sollten ihn jetzt probieren. Erwin, leg das runde Brett auf den

Küchentisch.«

Erwin legt das Brett auf den Tisch und stellt Teller dazu, Hedwig nimmt das Blech aus dem Ofen, hebt den Brottopf ab und lässt dann den Käsekuchen vom Blech schräg auf das Brett gleiten; zwei Lorbeerblätter fallen dabei auf den Tisch. Es duftet in der Küche, Hummelberta zaubert aus ihrem Rucksack einen weitere Flasche Rotwein - »Tann-Mitbringsel« - und Erwin greift sofort zum Korkenzieher. Hedwig schneidet den Käsekuchen in 8 Tortenstückchen, die goldgelb und flach wie ein dicker Eierkuchen auf dem Holzbrett liegen.

»Ich bin gespannt, greift zu.« Die Augen der Elfe leuchten im schummrigen Küchenlicht.

Berta schiebt zwei Finger unter ein Stück und zieht ihre Hand jäh wieder zurück.

»Nee, ist noch zu heiß, da müssen wir warten oder mit Messer und Gabel essen.«

»So 'n Stilbruch kommt mir nicht in die Hütte. Wir warten, bis er abgekühlt ist«, sagt die Elfe resolut.

»Sag mal, wenn du hier fleißig am Kochen und Braten bist«, fragt Hummelberta an Erwin gewandt, »brauchst du auch jede Menge Eier. Ist dein alter Hühnerstall noch brauchbar oder schon eingefallen?«

»Nee, nicht eingefallen, der steht noch. Kommt, wir schauen mal rein.«

Erwin kramt aus dem Schubfach im Küchenbuffet eine Taschenlampe und alle drei zuckeln im Gänsemarsch zum Hühnerstall hinter dem Haus. Es dämmert bereits und Erwin knipst am Hühnerstall angekommen die Taschenlampe an. Die Stalltür knarzt und schleift auf der Schwelle, im Stall riecht es immer noch ein wenig nach Hühnerdreck, eine dünne Schicht Einstreu liegt noch auf dem Fußboden. Erwin leuchtet alle Ecken und die beiden Legenester ab.

»Gemütlich hat es sich hier inzwischen niemand weiter gemacht, weder Waschbär noch Marder, es muss nur sauber gemacht werden, dann könnten wieder Pitten einziehen. Aber wann? Ich bin doch beim Bauen.«

»Wir helfen dir«, Hummelberta klatscht begeistert in die Hände. »Ich hole Suse zur Verstärkung und du kannst demnächst Pitten bestellen, der Hühnermann kommt doch alle vierzehn Tage ins Dorf.«

»Jepp.« Die Elfe fliegt vor Freude einen Looping.

Als die Drei wieder in der Küche am Tisch sitzen, ist der Käsekuchen soweit abgekühlt, dass sie ihn probieren können. Sie mümmeln an ihren Stücken und sagen erst einmal nix; Erwin schaut zur Seite, die Elfe in die Luft und Hummelberta auf ihren Weinbecher.

»Mh, schmeckt gar nicht übel.« Berta leckt mit der Zunge einen Krümel aus ihrem rechten Mundwinkel. »Schön bissfest und zergeht trotzdem auf der Zunge. Warum das Kuchen heißt, ist mir ein Rätsel.«

»Vielleicht, weil er rund ist. Das ist doch auch egal, Hauptsache, er ist uns gelungen. Vielleicht sollten wir nächstes mal noch ein wenig würzen, mit Kümmel oder Anis.«

»Anis«, blubbert Erwin mit vollem Mund und

nimmt sich ein weiteres Stück vom Holzbrett. »Kümmel wäre ja türkisch.«

Berta nimmt einen großen Schluck Rotwein und spült geräuschvoll ihren Mund aus. »Anis, du hast recht. Und jetzt planen wir die Materialbeschaffung.«

Nach einer guten Stunde ist der Materialplan, den die Elfe und Erwin verfasst hatten, schon etwas konkreter geworden. Steine von Pia, vielleicht hat sie auch die Dachsteine vom Stall aufgehoben, Holz von Erwins altem Freund Hein Ziesenwusel, dem Forstmann, und Hermann Eichenkötter soll die Baumstämme mit seinem Gatter zu Bauholz schneiden. Sie beschließen, in der nächsten Woche gemeinsam Pia Wollust einen Besuch abzustatten, Suse soll auch mitkommen.

Nachdem Hummelberta und die Elfe nachhause gegangen sind, ordnet Erwin noch seine Notizen. Das Telefon klingelt, Erwin geht zum Küchenbufett, das Display zeigt *Suse Mabuse* an. Erwin hebt ab.

»Suse, mein Herz, war Berta etwa schon bei dir?«

»Ja, sie sitzt hier noch bei 'nem Ingwerlikör. Übermorgen werden wir zu der Dame mit dem heißen Namen gehen und schauen, was man dort holen kann.«

»Übermorgen, am Montag schon?«

»Na klar, wenn du Steine von ihr bekommst, kannst du gleich den Transport planen. Passt doch prima.«

»Dann sollten wir aber eine kleine Aufmerksamkeit mitnehmen, schließlich ist sie neu hier.«

»Berta nimmt eine Pulle Ingwerlikör mit, ich ein

Glas Honig und du einen kleinen Schinken. Abgemacht? Nachmittags um drei bist du bei mir.«

»Dann bis Montag, Suse. Schlaf gut.«

Erwin stapft die steile Treppe zu seiner Schlafkammer nach oben und liegt dann rücklings im Bett. Seine Gedanken kreisen um sein Vorhaben, der Mond scheint durch das kleine Fenster direkt auf sein Bett.

»Wie ich sehe, wirst du mit deinem Projekt wieder aktiv, das verjüngt dich, nimmt dir den Rost aus den Gelenken und dein Leben wird auch mal bunter«, flüstert der Mond in Erwins Kopf.

»Na ja, bunt geht es hier immer wieder mal zu, aber jetzt spüre ich abends zunehmend doch meine Knochen.«

»Sei froh, dass du sie noch gebrauchen kannst. Trott hatte sich bei dir eingeschlichen: Heute Suse, morgen Berta und zwischendrin die Elfe zum Ausreden. Jetzt kannst du allen Dreien was Neues bieten.«

»Meinst du, das erwarten sie von mir?«

»Nee, das nicht. Aber sie finden deine Idee gut und bringen sich ein, weil sie wissen, dass es dir gut tut.«

»Ja, so ist es. Ich denke, das wird ein schönes Abenteuer. Jetzt geht es nochmal richtig los.«

Eine Wolke schiebt sich vor den Mond.

Am Montag zerrt Erwin die Plane von seinem alten Lada Niva und fährt zu Suse. Weit ist es nicht, sie wohnt gleich am Dorfrand, die roten Klinker von ihrem Haus leuchten in der Aprilsonne. Suse wartet schon am Gartenzaun, reißt die Beifahrertür auf und plumpst auf den Sitz. Erwin nimmt sie in den Arm und äugt in das Dekolleté von ihrem Sweatshirt.

»Ach, mein Mabüschen.«

»Nix jetzt Erwin, fahr los. Berta wartet.«

Am entgegengesetzten Dorfrand wartet Berta vor ihrem Holzhäuschen, die dreiviertel langen Leinenhosen lassen ihre gelbschwarz geringelten Strümpfe voll zur Geltung kommen, die Elfe schwebt über dem Rosengitter an der Zaunpforte.

»Fährst du mit, Hedwig, oder fliegst du hinterher?«

»Ich fliege, aber voraus, die Abgase vertrage ich nicht. Deine Weiber können ja zwischendurch Blumen pflücken, Pia Wollust wird sich freuen.«

»Betone diesen Nachnamen nicht immer so.« Suse ist etwas konsterniert.

»Die Wollust nehmen wir ihr«, sagt Berta, »ist doch unser Erwin. Vielleicht hat die sich den Namen nur erkauft. Heute geht für Geld doch alles.«

Die Elfe faltet ihre Flügel und klopft an die Haustür der alten Ziegelei. Erwin, Suse und Berta steigen aus dem Lada. Nix rührt sich.

»Hallo, jemand da?« ruft Berta mit ihrer sonoren Stimme und zieht sich die Strümpfe hoch - kampfbereit. Die hier soll sich nicht an Erwin ranwanzen.

Ein roter Lockenkopf schaut um die Hausecke, Pia kommt näher. Ihre Lippen sind passend zur Haarfarbe angemalt, sie lächelt freundlich.

»Hallo Berta, ein Überraschungsbesuch in Überzahl,

wen hast du denn mitgebracht?«

Die illustre Truppe stellt sich artig vor, Bertas Goldzahn blitzt, Erwin hat seine Hände schüchtern hinter dem Rücken, Suse macht einen Knicks und die Elfe bei der Begrüßung einen Hüpfer.

»Antrittsbesuch mit meinen Freunden, du weißt, Neugier kennt keine Grenzen. Hier, nimm unsere Mitbringsel als Zeichen für ein gutes Miteinander.«

Pia führt mit ausladender Armbewegung hinter die Ziegelei, dort stehen unter einem Nussbaum Gartentisch und Stühle.

»Na denn. Nehmt Platz, ich hole uns etwas zu trinken.« Sie kommt mit einem Weidenkorb voll Bierflaschen aus dem Stall an der Hinterseite des Hauses zurück und stellt den Korb auf den Tisch.

»Also Pia, es ist so«, beginnt Berta das Anliegen. »Erwin baut sich einen Backofen mit Kochhexe und so, also eine Abenteuerküche, und wir fragen dich, ob er Steine von dem alten Anbau dort bekommen kann.«

»Ach, daher weht der Wind. Na klar kann er die bekommen, das Teil ist ja schon halb eingefallen und ich muss die Ecke eh aufräumen.« Pia stellt jedem eine Bierflasche mit Bügelverschluss hin. »Prost«.

Es ploppt viermal, als die Frauen die Flaschen öffnen, bei Erwin macht es nur Pffft.

»Pffft«, sagt Pia, »das muss doch Plopp machen.«

»Tja, mehr Druck habe ich wohl nicht mehr«, entgegnet Erwin, »aber die Hauptsache ist, dass überhaupt noch was kommt.«

Pia nickt und ihre Augen funkeln. Hinter dem

Anbau meckern Ziegen.

»Hast du Ziegen?« fragt Suse. Sie hält ihre spitze Nase in den Wind, der aus dieser Richtung kommt. »Ja, riecht nach Zicke.«

»Vier Ziegen und einen Bock habe ich. Moment, ich hole uns einen Ziegenkäse zum Bier.« Pia geht zum Stall, aus dem sie das Bier geholt hat und kommt mit einem in ein Leinentuch eingewickelten runden Käse wieder, legt ihn auf den Tisch und zieht aus der Zollstocktasche ihrer Arbeitshose ein Messer. Ein Holzbrettchen zaubert sie aus der Gesäßtasche. »Greift zu«, sagt sie, während sie Tortenstückchen vom Käse abschneidet. Der Ziegenkäse wird allseits gelobt und beim Abschied lädt die Elfe Pia zum Essen am Sonnabend bei Erwin ein.

Am Dienstag ruft Erwin beim Hühnermann an. »Was habt ihr denn zur Zeit für Pitten? Einen Hahn brauche ich auch dazu.«

»Nur noch New Hampshire, Araucana und Blausperber. Einen Hahn habe ich auch noch.«

»Passt der Hahn zu einer Rasse?«

»Die Rasse kann ich nicht sagen, vielleicht ist es Mischmasch«, sagt der Hühnermann. »Aber gut sieht er aus. Bunt und schwarze Flügel mit weißen Fingerfedern.«

»Dann nehme ich vier Blausperber und den Mischmaschhahn. Klappt das in der nächsten Woche?«

»Klappt, Dienstag dreiviertel elf vor der Kneipe.«

Erwin legt auf. Am Nachmittag fegt er im

Hühnerstall die Spinnweben aus den Ecken und das Reststroh vom Fußboden, bei Hermann Eichenkötter bestellt er einen Zentner Weizen. Kurz vor Sonnenuntergang besucht ihn die Elfe. Sie hat in ihren alten Büchern geschmökert und instruiert Erwin über die Kocherei am Sonnabend. Es soll Wildragout im Teigmantel geben. Erwin ruft nochmal bei Eichenkötter an und ordert 2 Kilogramm Wildfleisch.

Am Sonnabend ist die Elfe schon am frühen Vormittag bei Erwin und beide sind emsig mit der Zubereitung ihres Experiments beschäftigt. Hedwig hat eine ihrer speziellen selbst hergestellten Gewürzmischungen mitgebracht, die dem Gericht eine besondere Note gibt. Sie rührt den Krapfenteig und Erwin schneidet das Fleisch in kleine Würfel. Gerade als die Pasteten in den Ofen geschoben werden, treffen Berta und Suse ein. Die Küchen- und Haustür bleiben offen, die späte Aprilsonne scheint durch Fenster und Tür in die Küche. Während Hedwig und Erwin das Backblech im Herd beobachten und sich Notizen machen, decken Berta und Suse den Tisch.

»Wenn deine Abenteuerküche steht, Erwin, dann müssen wir unsere Experimente noch einmal machen, denn dann heißt es genauestens aufs Feuer achten, den Zug regulieren und Holz nachlegen. Vergiss nicht, in den Backofen ein Thermometer einzubauen.«

Die Elfe schaut durch die Haustür Richtung Wald. Noch niemand in Sicht.

»Jetzt könnte die Wollüstige aber mal kommen.«

Wildragout im Teigmantel

Krapfenteig für bis zu 2kg Fleisch

800g Mehl
2/3 Stk. Butter
6 EL Weißwein
4 EL Honig
12 Eigelb
2 Eiweiß
Salz
6 EL Süße Sahne

Wein und Honig durch köcheln auflösen.
Zwei Esslöffel davon in eine kleine Schüssel geben und mit den Eidottern verrühren.
Mehl, etwas Salz, Butter in Flocken, Sahne und Honig-Wein-Gemisch vermengen. Dann noch die Eidotter in den Teig geben, alles gut vermengen und den Teig auf einem bemehlten großen Brett ausrollen. Teig in Teile nach Anzahl der Portionen trennen.

Wildragout

2 kg Wildschweinfleisch, gewürfelt
6 TL Wildgewürzmischung
1 TL Macis
20 Wacholderbeeren, zerstoßen
2 TL Ingwerpulver
Salz, Pfeffer aus der Mühle
2 Zwiebeln, kleingehackt
10 Zehen Knoblauch, kleingehackt

Das Wildschweinfleisch in einer Schüssel mit den Zutaten vermengen und eine Stunde ziehen lassen, dann in einer großen Pfanne anbraten. Ein wenig auskühlen lassen und auf die ausgerollten Teigstücke legen, den Teig über das Fleisch schlagen, gut verschließen und auf ein Backblech mit Backpapier legen, oder zwei Lorbeerblätter unter jede Pastete legen. Die Pasteten mit dem Eiweiß bepinseln, um die Nähte zu verschließen.
Im Ofen erst 30 Minuten bei 200°C, dann 30 Minuten bei 150°C und danach bei 110°C insgesamt ca. 90 Minuten backen, bis der Teig braun ist.

Wildgewürzmischung

½ TL Meersalz
23 Wacholderbeeren
9 Piment
½ TL Schwarzer Pfeffer
1 TL Paprika
½ TL Anis
½ Sternanis
5 cm Zimt
2 TL Nelken
½ TL Kreuzkümmel
2 TL Koriander
½ TL Szechuanpfeffer
Muskat gerieben
2 TL Senfkörner braun
3 TL Senfkörner gelb
1 TL Chili
1 TL Paprika
3 Lorbeerblätter
½ TL Kardamom grün
2 Stk. Kardamom schwarz ausgelöst
½ TL Schwarzkümmel
1 TL Bockshornklee
2 Stk. Jaborandi (Bengalenpfeffer)

Alle Gewürze, außer Paprika, Salz und Muskat, in den jeweiligen Mengen in einer Pfanne erhitzten bis sie duften. In einer Kaffeemaschine fein mahlen und in eine kleine Schüssel schütten, Paprika und Salz hinzugeben, Muskat darüber reiben und alles sorgfältig vermischen. Die fertige Gewürzmischung in ein Glas mit Hebelverschluss füllen.

Hedwig schaltet den Herd aus und öffnet die Ofenklappe, es duftet aromatisch. Ein wenig entfernt vor dem Haus klappert es rhythmisch. Pia kommt auf einem alten silbergrauen Klappfahrrad der Marke Mifa angeradelt, ihr rotes Haar weht im Frühlingswind. Vor dem Haus angekommen, steigt sie mit kühnem Schwung ab und stellt das Fahrrad an die Hauswand. Ein grünes Leinenkleid betont ihre stramme Brust, an den Füßen trägt sie knallrote Gummistiefel mit schwarzen Stulpen, passend zu ihren roten Lippen. Pia nimmt den Korb, der auf dem Gepäckträger klemmt, und geht auf die Haustür zu, in der sich Suse und Berta drängeln. Berta verdreht leicht die Augen, Suse stößt laut Luft aus ihrem Mund.

»Sag bloß, du bist die ganze Strecke auf dieser Krücke geradelt, das sind doch mehr als vier Kilometer bis hierher. Ist das ein Erbstück?«

»Das habe ich im Schuppen gefunden, Luft aufgepumpt und die Kette geölt; fährt wie geschmiert.«

Suse dreht den Kopf in Richtung Küche und schnuppert. »Die Pasteten sind auf dem Tisch, gehen wir essen, ich bin gespannt.«

Hedwig und Erwin stoßen mit ihren Rotweinbechern auf den Erfolg an und nicken den drei Frauen zu, sich ebenfalls einen Becher zu nehmen.

»Prost Leute«, sagt Erwin, »ob es schmeckt, werden wir gleich erfahren.«

»Muss«, erwidert Pia und überreicht ihm einen in Backpapier eingewickelten Ziegenkäse.

Hedwig schneidet ihre Pastete an. Ein wenig Sauce

sickert aus der angeschnittenen Pastete, die dampft und verbreitet einen Duft von Wacholder, Knoblauch und Anis.

»Experiment geglückt«, sagt sie mit vollem Mund.

Am Dienstag wartet Erwin schon ab halb elf vor der Dorfkneipe auf den Hühnermann. Der biegt pünktlich um dreiviertel elf um die Ecke am Dorfladen und hält neben Erwins Lada an. Die Pitten und der Hahn kommen in eine Transportbox, die sich Erwin von Eichenkötter geliehen hat. Bezahlen, Handschlag und Erwin düst wieder in den Tann. Er stellt die Transportbox in den Hühnerstall und öffnet die Klappe. Die Pitten schauen verschüchtert umher, bis sich die erste aus der Box in den Stall traut. Erwin lugt durch das Fenster, zufrieden geht er dann ins Haus.

Am nächsten Morgen hängt Erwin seinen alten Anhänger an den Lada und zuckelt los Richtung Dorf. Der Anhänger ruckelt ab und zu und bremst den Lada ein wenig aus, er wurde lange nicht benutzt. Bei Berta angekommen läuft er schon wieder wie geschmiert. Eine Fuhre reicht noch nicht, und so muss er ein zweites Mal fahren.

»Schaut mal, was ich unter dem Schutt gefunden habe«, sagt Pia, als sie gerade den Hänger das zweite Mal beladen. Sie zeigt ihnen eine Backofentür, zweigeteilt, oben und unten je zwei Türen, in der Mitte ein waagerechter Steg.

»Bombastisch«, staunt Erwin, »die werde ich nach Maß einsetzen.«

Berta und Suse ziehen ihre Arbeitshandschuhe aus und Pia holt Bier. Dieses mal macht die Flasche von Erwin richtig Plopp, Pia nickt anerkennend. Aus dem Korb zaubert sie einen Ziegelstein, der sieht aus wie nagelneu. »Schaut euch den an, in der Ecke im Stall sind noch einige mehr davon.« In den Ziegelstein ist der Schriftzug *Molkenhausen* eingeprägt, der Name der ehemaligen Ziegelei. »Den wirst du gut sichtbar einmauern.«

Bei Erwin werden die Ziegelsteine neben dem Fundament aufgestapelt, Ofentür und Namenstein bringt er in den Schuppen. Nachdem Berta und Suse zu den Hühnern geschaut haben, gehen sie zu Erwin in die Küche, der bereits eine Flasche Rotwein entkorkt hat. Sie stoßen auf die reiche Beute an und beschließen, am Sonnabend mit dem Mauern zu beginnen.

»Da ist doch der erste Mai, Feiertag«, mault Erwin.

»Eben, Tag der Arbeit«, entgegnet Berta resolut, »du mauerst und wir kochen gemeinsam mit Hedwig etwas Feines und am Abend wird gefeiert.«

Die Türe geht auf und die Elfe schwirrt in die Küche. »Na, hier ist ja schon wieder volle Gemütlichkeit angesagt. Habt ihr alles erledigt?«

»Schwirr mal schnell nach draußen und schau dir den Stapel Steine an, ehe es dunkel wird. Die Pitten sind übrigens auch schon im Stall.« Erwin zieht an seinem Stumpen, der Qualm macht die Atmosphäre in der Küche noch gemütlicher.

Als die Elfe von ihrer Erkundung zurück kommt,

wedelt sie mit der Hand demonstrativ den Stumpenqualm vor ihren Gesicht weg. »Wenn du in der Küche rauchst, Erwin, ist alles super, oder?«

»Ja, alles super«, sagt Suse und schiebt der Elfe einen Becher Rotwein an die Tischkante. »Lass ihn doch knastern, ich mag das. Wir sind hier heute in guter Stimmung. Deine Flügel werden schon nicht vergilben.«

»Du bist aber heute obenauf, Suse. Klingt so, als würdest du die Nacht hier verbringen.«

»Das muss ich noch mit Berta auskegeln.«

Berta grinst. »Heute bleibt Suse hier, aber ihr müsst mich erst noch nachhause fahren.«

»Wirklich tolle Stimmung. Dann werden wir jetzt kreativ und denken uns Namen für die Hühner aus. Jeder macht reihum einen Vorschlag.«

»Gut«, sagt Erwin. »Ich kaufe vier Ringe; rot, blau, gelb und grün. Der Hahn braucht keinen Ring, aber selbstverständlich einen Namen. Er soll Giuseppe heißen.«

»Giuseppe? Wie kommst du da drauf?« Suse hat schon rote Wangen. »Wird das eine italienische Nacht heute? Das sind ja ganz neue Töne.«

»Ich kannte mal einen Giuseppe, das war ein netter Kerl und der bunte Hahn erinnert mich an ihn.«

»Dann ist der Hahn schon mal gesetzt.« Die Elfe hebt ihren Becher und schaut in den Wein. »Ich lese jetzt die Farben aus und ihr schlagt einen Namen vor.«

»Du liest die Farben der Ringe aus dem Wein, Hedwig? Bist du schon dune?« Suse feixt.

»Quatsch, Elfen werden doch nicht betrunken. Also zuerst: Rot.«

»Adelheid.«

»Blau.«

»Carmen.«

»Grün.«

»Anni.«

»Gelb.«

»Katharina.«

»Puuh, das ging ruckzuck. Darauf stoßen wir an.«

Die Keramikbecher klappern und der Rotwein plätschert beim Nachgießen. Als zwei Flaschen leer sind, fährt Erwin Berta ins Dorf, die Elfe hockt auf der Rückbank und döst. »Von wegen Elfen werden nicht betrunken«, knurrt Erwin und schrammt haarscharf am Ortseingangsschild vorbei.

Am Sonnabend früh stapft Erwin mit einem Pott Kaffee in der Hand um seine Baustelle. Tags zuvor hat es geregnet, aber Erwin hat trotzdem Schnurpflöcke eingeschlagen und Maurerschnur gespannt. Das Wetter ist jetzt trocken, die Sonne vertreibt die Wolken. Er geht zum Hühnerstall, stellt den Pott Kaffee neben die Luke und lässt die Pitten raus. Fast hätten sie den Kaffeepott umgerannt, Erwin kann gerade noch hingrabschen. Er trinkt aus und bringt ihn in die Küche. Dann macht er sich an sein Tageswerk; er rührt den Fertigmörtel an und legt lose eine Schicht Steine aus, um zu schauen, welche Fugenbreite er bei den alten, nicht ganz einheitlichen

Steinen mauern muss. An der linken vorderen Ecke beginnt er zu mauern, einmal im Uhrzeigersinn herum die ausgelegte Schicht. Dann zieht er die linke Ecke hoch und weiter zur nächsten. Am Mittag ist er in Höhe des Feuerbodens angelangt und macht eine Pause, denn der Frauentross trifft ein. Erwins Akkord wird sofort gelobt. »Was werdet ihr heute Schönes kochen?« Erwin ist neugierig und jetzt schon hungrig.

»Gefülltes Kaninchen«, zwitschert Hedwig. »Wir machen dir zur Stärkung erst einmal 'n paar Stullen, das mit dem Kaninchen dauert noch.«

Bis zum späten Nachmittag zieht Erwin die vier Ecken noch etwas höher und setzt den Schornstein im hinteren Teil des Ofens an. Er räumt sein Werkzeug zusammen, wäscht sich im Außenbecken Hände und Gesicht und geht in die Küche. Der Tisch ist gedeckt und die Frauen sitzen bei Prosecco am Tisch, aus der angekippten Ofenklappe zieht herzhafter Duft mit einer deftigen Note Knoblauch in den Raum. Hummelberta zerteilt das Kaninchen in die beiden Keulen und Vorderläufe, den Rumpf mit der Füllung schneidet sie in vier dicke Scheiben. Dazu gibt es Salzkartoffeln mit kleingehackter frischer Petersilie und Buttererbsen.

»Langt zu«, sagt sie. »Und ein Prost auf Erwins Schinderei und unsere Kochkünste natürlich.«

Suse grinst. »Danke, temporäre Hausherrin.«

»Ja«, entgegnet Berta schnippisch, »heute bleibe ich über Nacht.«

Gefülltes Kaninchen mit Fleischklößchen

1 Kaninchen
1000g Gehacktes
Zwiebeln
Knoblauch
Ingwer
Pfeffer und Salz
Wacholderbeeren
1 Glas Kapern
Thymian
Olivenöl
Erotic-Curry
Zitrone
Weißwein
1 Ei
Semmelbrösel
Fond vom Wild

Das Kaninchen wird über Nacht mit Salz und Pfeffer, Erotic-Curry, Zitronensaft und Olivenöl gewürzt in einem Bräter eingelegt.

Für die Zubereitung Gehacktes mit Pfeffer, Salz und Erotic-Curry würzen, kleingehackte Zwiebel, Knoblauch und Ingwer hinzugeben, ein Ei und Semmelbrösel einarbeiten. Das Kaninchen mit der Gehacktesmasse füllen und mit Rouladennadeln verschließen, aus dem Rest der Masse kleine Klöße formen.

Das Kaninchen anbraten, gehackte Zwiebeln,

Knoblauch und Wacholderbeeren nach Gutdünken hinzugeben, dann mit Wildfont ablöschen, Thymianzweige und die Klößchen in den Sud legen und alles köcheln lassen. Wenn der Bratensud reduziert ist, mit Weißwein strecken und die Kapern hinzu geben.

Waldschrats Erotic-Curry

1 TL Koriander
7cm Zimtstange
1 TL Aleppo-Pfeffer
1 TL Szechuan-Pfeffer
1 TL Knoblauchgranulat
1 TL Kardamom
3 TL Rosenblätter
1 TL getrocknete Tomaten
2TL Kaffeebohnen
1 TL Fenchel
1TL Nelken
1 TL Kümmel
2 TL Anis
3 Stk. Jaborandi
1 Stk. Sternanis
1 TL Kurkuma
2 TL Paprika
1 TL Ingwerpulver
3 TL Kokosblütenzucker
Muskatnuss gerieben, ein wenig

Die Woche vergeht für Erwin mit Maurerarbeiten und Pusseleien im Haus und auf dem Hof in rasender Geschwindigkeit. Manchmal ist er von seinem Tagwerk ziemlich breit, aber wenn er sich dann entschließt, am Abend in der Küche noch am Herd zu experimentieren, wird er bei einem Rotwein wieder zunehmend munter und stillt seinen Hunger mit Zutaten aus der Speisekammer und Tiefkühltruhe. Die Frauenbande hat beschlossen, an jedem Wochenende gemeinsam zu kochen und Erwin nach Möglichkeit auch beim Bauen zur Hand zu gehen.

Am Mittwochnachmittag, Erwin wischt gerade seine Maurerkelle sauber, fliegt die Elfe in geringer Höhe knapp über dem Waldboden durch die Lichtung. In einem Leinenbeutel zerrt sie etwas Schweres mit sich. Sie setzt vor der Baustelle ab und wischt sich den Schweiß von der Stirn.

»Sauschwer das Teil, schau mal rein.«

Erwin öffnet den Leinenbeutel und zieht eine gusseiserne Ofenklappe hervor, die hat Rosettenornamente und sogar eine drehbare Scheibe mit zwei Öffnungen, um die Luftzufuhr zu regulieren.

»Heißes Teil. Wo hast du das her?«

»Vom Trödler Abraham aus Zuselwutz.«

»Und das hast du bis hierher eingeflogen?« fragt Erwin ungläubig.

»Nee, Pia hat die Klappe für dich aufgerissen, will sich wohl ein wenig bei dir einschmeicheln. Sie hat dort alte Molkenhausener Ziegel verhökert.«

»Dann werden wir gleich mal schauen, wie sie passt

oder ob ich noch was ändern muss.«

Erwin hält die Klappe vor die halbfertige Öffnung, die er für die Kochhexe gemauert hat.

»Hm, passt natürlich nicht, ich muss noch 'nen Viertelstein enger mauern, dann geht es.« Er sucht aus dem Haufen abgeschlagener Ziegelsteine einen Viertel heraus, legt ihn auf die untere Schicht der Öffnung an die rechte Wange und hält die Ofenklappe wieder davor. »Perfekt, so machen wir das. Du bist im richtigen Moment damit gekommen.«

Sonnabendfrüh, Erwin brüht sich gerade einen Kaffee auf, stapfen Suse und Berta in die Küche.

»Erwin, wir brauchen deinen alten Fleischwolf für Hedwigs Speiseplan, wo finden wir den?«

»Sucht mal in der Speisekammer, den habe ich ewig nicht benutzt. Was soll es denn geben?«

»Wildschweinhackbällchen in Kokosmilch.«

»Oha, was ganz Neues. Habt ihr Wildschwein?«

»Na klar, Wildgoulasch haben wir gestern von Eichenkötter geholt, ist noch nicht ganz aufgetaut, deshalb wollen wir es gleich durch den Wolf drehen, macht sich besser wenn es nicht so weich ist.«

Erwin greift sich seinen Pott Kaffee und verlässt die Küche, aber er hört noch, wie Berta in der Speisekammer rumort.

Die Kochhexe ist fertig gemauert und Erwin bastelt sich aus Brettern und Sperrholz einen Unterbau für den Rundbogen auf dem Backofen. Die Elfe ist inzwischen auch eingetroffen und übernimmt in der Küche das Kommando. Gegen Mittag radelt Pia auf den Hof, ihre roten Gummistiefel hat sie an diesem sonnigen Maitag gegen rote Sandalen getauscht. Sie legt ihren Rucksack ab und löst die Schleife von der Kordel.

»Kommt alle mal hierher zu mir«, ruft sie, »ich habe was mitgebracht.«

Alle beugen sich über den Rucksack, Pia zieht die Kordel auf. Im Rucksack rappelt es und eine kleine Katze steckt ihren schwarzen Kopf durch die Öffnung, klettert vorsichtig heraus und schaut sich scheu und wachsam um.

»Oh je«, murmelt Erwin.

»Das ist Klara.« Pia grinst verschmitzt. »Ich habe sie im alten Stall entdeckt. Vermutlich hat sie eine herumstreunende Katze dort abgelegt. Die Kleine ist doch gerade mal acht Wochen alt oder so. Ich habe auch Milch und Katzenfutter mitgebracht.«

»Wie, die soll hier bei mir bleiben?«

»Ja, dachte ich, kannst doch Gesellschaft gebrauchen.«

»Als ob ich mit euch nicht schon genug Gesellschaft hätte. Weibervolk. Na, - dann soll es so sein. Aber erst einmal müssen wir sie taufen, die Klara. Holt bitte 'ne Pulle Wein.«

Suse stürzt in die Küche, sie will zeigen, dass sie an diesem Wochenende die Oberhand hat, außerdem gefällt ihr das Verhalten und der lüsterne Blick von Pia nicht. Sie kehrt mit einem Tablett mit Rotwein,

Bechern und dem Korkenzieher zurück. Erwin entkorkt die Flasche, die Katze, die sich wieder auf den Rucksack gelegt hat, zuckt dabei leicht zusammen.

»Keine Angst Klara, aber an dieses Geräusch musst du dich wohl gewöhnen.«

Berta füllt die Becher und Suse reicht sie weiter, Pia knickst, als sie ihren Becher nimmt. Suse schaut Pia leicht konsterniert an, aber die lässt sich nicht ihre Laune verderben und blinzelt verschwörerisch zurück. Erwin hebt die Katze vorsichtig hoch, hält sie im linken Arm und hebt seinen Rotweinbecher.

»Willkommen Klara, fühle dich wohl in unserer Runde.« Er nimmt einen deftigen Zug aus dem Becher. »Und wo soll sie schlafen? Bei mir im Bett doch nicht.«

»Nee«, rufen Berta und Suse fast unisono.

»Wir bauen ihr eins.« Pia schüttelt ihre roten Locken und schaut sich um. »Hast du im Schuppen vielleicht eine alte Apfelkiste oder ähnliches, Erwin?«

»Da findet sich was.« Erwin setzt die Katze wieder auf den Rucksack und gibt Suse seinen Becher. Kurz darauf kommt er mit einer Holzkiste aus dem Schuppen und stellt sie vor den Frauen ab. Dann holt er eine Handvoll Heu und polstert die Kiste aus.

»Sie braucht doch noch ein Laken«, sagt Berta.

»Ein Laken?« Jetzt wird es Erwin zu bunt.

»Ein altes Handtuch, zum Beispiel, das hast du doch sicher noch in deiner Kommode.«

Berta holt ein Handtuch aus dem Haus und legt es über das Heu in die Kiste; Erwin widerspricht nicht.

Pia setzt die Katze hinein, die alles sofort beschnuppert. Erwin trägt die Kiste in die Küche und stellt sie gleich in der Ecke neben der Tür ab.

»So, da weiß sie jetzt, wo sie hingehört. Pia, deponiere noch das Futter daneben.«

»Die braucht auch noch ein Katzenklo«, sagt Suse.

»Katzenklo? Die fliegt raus, wenn sie muss. Wenn sie draußen aufgewachsen ist, wird sie schon anzeigen, ob sie raus will und mal muss.«

»Genau«, sagt die Elfe, die bisher geschwiegen hat. Sie amüsiert sich insgeheim über das Gehabe von Suse und Berta, die Pia mittlerweile als gefährliche Rivalin ansehen. Gut, dass ich ein Neutrum bin, denkt sie und schwebt wieder an den Herd.

Erwin bastelt weiter an dem hölzernen Unterbau, die Frauen sind in der Küche mit Kochen beschäftigt. Die Katze erkundet derweile die Küche, nach ihrem Inspektionsrundgang setzt sie sich vor die Küchentür.

»Seht ihr? Die weiß ganz genau, was sie will.« Pia hält die Küchentür auf und die Katze verdrückt sich. In der Küche verteilt sich allmählich ein Duft von allerlei Gewürzen und vermischt sich mit jenem, der aus dem großen Kochtopf aufsteigt, in welchem die Hackfleischbällchen köcheln. Ab und an geht Pia auf den Hof und schaut nach der Katze. Als es dämmert, kommt Erwin von seiner Baustelle, die Katze trabt ihm hinterdrein. Hedwig füllt am Herd für jeden den Teller; dann sind alle gespannt auf den ersten Happen.

»Wat für 'n geiler Geschmack«, entfährt es Pia.

»Echter Mundorgasmus«, ergänzt Suse.

Wildschweinhackbällchen

1 kg Wildschweinhack
2 Zwiebeln
5 cm Ingwer
5 Knoblauchzehen
Salz, Pfeffer
5 TL Garam Masala
2 TL Koriander, geschrotet
Koriandergrün
2 Eier
geriebene Semmel

Zwiebeln, Knoblauchzehen und Ingwer fein hacken, mit dem Hackfleisch und den restlichen Zutaten vermengen und kleine Klößchen formen. Diese in Butterschmalz anbraten und dann beiseite stellen. Das Kokosmilch-Curry vorbereiten und ansetzen.

Kokosmilch-Curry

3 kleine Zwiebeln in Ringe geschnitten
2 Chilischoten in Scheiben geschnitten
10 cm Ingwer stifteln
5 Tomaten in Stückchen geschnitten
6 Zehen Knoblauch in Scheiben geschnitten
400 ml Kokosmilch
1 Zitrone, gepresst

1 El Koriander
1 TL Cumin
1 TL Pfeffer
½ TL Nelken
5 cm Zimtstange

Die Gewürze zusammen mahlen oder fein mörsern.
Zwiebeln, Ingwer, Chili in Butterschmalz andünsten, mit ein wenig Wasser ablöschen, die restlichen Zutaten, Gewürze und die Hackfleischbällchen dazu geben, mit Kokosmilch auffüllen, ca. 45 - 60 Min. köcheln lassen, dann Zitronensaft hinzu geben. Curry und Hackfleischbällchen mit Reis servieren.

Erwin beginnt gleich am Sonntagvormittag, nach einem ausgiebigen Frühstück zusammen mit Suse, den Bogen vom Backofen zu mauern. Die Katze streicht ihm ab und an dabei um die Beine; sie zeigt ihm, dass sie ihr neues Zuhause angenommen hat. Suse holt sich aus dem Schuppen einen alten Melkschemel und setzt sich in die Sonne. Auf dem Schoß hat sie eine rote Plastikschüssel voller Kartoffeln, die sie schält und in den Kochtopf auf dem Erdboden plumpsen lässt. Erwin legt die Maurerkelle in den Mörtelkübel und streckt sich.

»Na Suse? Frühschoppen?«

»Scheinst eine gute Nacht gehabt zu haben, Erwin.«

»Ach, was du nicht sagst. Na ja, ging so.«

»Pass auf, Freund du.« Suse legt das Messer in die Schüssel, steht auf und geht ins Haus. Sie kommt mit einer Flasche Rotwein und zwei Bechern, die rechts und links in den Taschen ihrer Schürze stecken, zurück. Ihre lange Nase weist in Erwins Richtung.

»Wenn du nicht so gut riechen würdest, egal womit du beschäftigt bist, hätte ich dich längst verlassen.«

»Das schaffst du nicht, Suse Mabuse.«

Erwin schnappt sich die Flasche Rotwein, klappt sein Schweizer Taschenmesser auf, welches keinen Flaschenöffner, dafür aber einen Korkenzieher hat, und entkorkt sie. Es macht Plopp, die Katze zuckt.

»Ich bin gespannt, nach wie vielen Pullen die das gerafft hat. Klara Wollust, die braucht wohl 'nen Kater.«

»Untersteh dich!«

»Was?«

»Das auf Pia Wollust zu projizieren.«

Erwin grinst und füllt die Becher, die Suse ihm hinhält. Beide stoßen an.

»Aber das kannst du ihr doch nicht absprechen. Mann, wie die ihre roten Locken schüttelt.«

»Erwin? Wir foltern dich - ich und Berta.«

»Oh, und wenn ich Masochist bin?«

»Bist du aber nicht, da müsste ich mich wirklich stark täuschen.«

»Frag Berta.«

»Ja, die geht doch mit ihren Ringelsocken ins Bett.«

Suse lacht schrill auf, beide stoßen wieder an.

»Party hier, oder was?« tönt es plötzlich vom Hoftor. Dort steigt Berta von ihrem Uralt-Fahrrad und Pia von ihrem Minirad.

»Heute ist kein Festessen angesagt«, mault Erwin.

»Nee, aber Frühschoppen.« Pia schüttelt ihre roten Locken, Suse schnauft und Berta holt aus dem Schuppen Gartenstühle.

»Der ist ein Masochist«, sagt Suse lachend.

»Wer? Erwin etwa?« Berta lässt sich auf einen Gartenstuhl plumpsen.

»Ja, ich habe ihm angedroht, dass wir ihn foltern.«

»Warum?«

»Na, schau doch hin, wie der die Pia angiert.«

»Stimmt, dann müssten wir tätig werden.«

»Ohne Rotwein wird hier niemand tätig.« Jetzt wird Pia tätig und holt aus der Küche noch zwei Becher und eine weitere Flasche Rotwein. Wieder macht es

Plopp und die Katze zuckt. Pia hebt ihren Becher.

»Keine Panik Mädels. Ich halte mich zurück und warte, bis Erwin über mich herfällt.«

»Macht der nie«, sind sich Suse und Berta einig.

»Dann ist doch alles gut.« Pia schüttelt ihre Locken jetzt vorsichtshalber nicht.

Die Frauen stellen den Gartentisch zum Mittag mitten auf den Hof, Erwin setzt derweile noch einige Steine auf den Backofen. Zum Essen gibt es Kartoffeln mit der restlichen Kokosmilchsauce, zwei Fleischklößchen werden halbiert und verteilt. Erwin schafft es trotz Frühschoppen, die Kappe vom Backofen bis auf eine Rollschicht zu mauern. Pia und Berta radeln nachhause, Erwin und Suse sitzen in der restlichen Nachmittagssonne und trinken Kaffee. Aus dem nahen Wald hören sie Stimmen, nach einer Weile tritt die Elfe hinter dem Schuppen hervor. Hinter ihr erscheint ein spindeldürres Weiblein. Es trägt ein hellgrünes Kleid, welches aus feinen Binsenfasern gewebt ist. Auf dem Rücken trägt sie einen gelben Rucksack.

»Darf ich vorstellen? Meine Freundin, die Kunkel.«

Die Kunkel kommt scheu ein wenig näher, sie duftet nach feuchter Wiese. Ihre strohgelben Haare hält eine Haarspange in Form einer Libelle zusammen.

»Ich grüße euch«, sagt die Kunkel leise.

»Tach Kunkel«, erwidert Erwin, steht auf und reicht ihr seine Hand. Die Hand der Kunkel verschwindet in Erwins Pranken, sie fühlt sich kühl an.

»Die Kunkel wohnt an den Torflöchern«, erklärt die Elfe. »Sie ernährt sich zwar vegan, aber unsere Kochabenteuer findet sie interessant. Wir haben heute Vormittag die ersten jungen Kräuter gepflückt.«

»Du kennst aber auch wirklich die schrägsten Typen, Hedwig.« Suses Nase saugt alle Nuancen vom Duft der Kunkel ein. »Möchtet ihr was trinken?«

»Bitte koch' uns einen Tee, mit diesen Kräutern.«

Die Kunkel nimmt ihren Rucksack ab und holt daraus einen kleinen Leinenbeutel hervor. Suse geht mit dem Beutelchen in die Küche, Hedwig und die Kunkel setzen sich zu Erwin an den Tisch. Der steckt sich vor Aufregung sofort einen Zigarillo an. Die Kunkel wedelt demonstrativ den Qualm von sich weg.

»Sag mal, Kunkel, hast du auch einen Namen?«

»Ja, Isa Binsenweis heiße ich.«

»Isa Binsenweis«, wiederholt Erwin. »Bist du auch ein wenig binsenweise?«

»Natürlich, Kunkel kennen sich in der Pflanzenwelt bestens aus.« Die Kunkel dreht sich um und zeigt zum Zaun neben dem Hühnerstall. »Du hast dort zwei schöne Fichten zu stehen, siehst du die hellgrünen Triebe? Die solltest du in den nächsten Tagen pflücken und verwerten.«

»Oha, und was mache ich damit?«

»Versuche es zuerst mit Fichtenwipfelsalz, Sirup kannst du auch daraus herstellen. Das macht eure Kochexperimente interessanter.«

Suse kommt mit einer Teekanne und zwei Tassen wieder; es duftet nach frischer Frühlingswiese, als sie den Tee eingießt.

»Unsere vegane Freundin heißt Isa und in der kommenden Woche werden wir Fichtenwipfelsalz und Sirup zubereiten«, sagt Erwin zu Suse.

»Prima, unsere Runde wird immer größer.«

»Und interessanter.« Erwin drückt seinen Zigarillo an der Unterseite vom Gartentisch aus, die Frauen trinken ihren Tee. Isa schreibt für Erwin Notizen zu den Fichtenwipfeln auf. Als die Sonne beginnt, hinter den Fichten zu versinken, machen sich Hedwig und Isa auf den Nachhauseweg. Erwin und Suse hören noch das Staksen von Isas Knotenstock, das immer leiser wird. Dann fährt Erwin mit Suse ins Dorf. Nachdem er Suse vor ihrem Haus abgesetzt hat, schaut er noch in der Dorfkneipe vorbei. Dort sitzt Hermann Eichenkötter mit dem Fischer Friedrich Busemann bei einem Bier. Erwin gesellt sich dazu und vereinbart mit Eichenkötter, dass der ihm am Freitag die Kanthölzer anfährt. Nach drei Mollen Bier fährt Erwin in den dunklen Maiabend hinein Richtung Tann. Dort sitzt die Katze vor der Haustür.

»Dich hätte ich fast vergessen, Klara. So viel los gewesen an diesem Wochenende.«

Die Katze folgt ihm ins Haus und legt sich in der Küche sofort in ihre Kiste. Erwin stapft die Treppe zur Schlafkammer hinauf.

Fichtenwipfelsalz

Mitte Mai die hellgrünen Wipfel pflücken, ca. 2 - 3 cm,
Ende Mai sind sie meistens schon zu trocken.

100g Fichtenwipfel
ca. 150g körniges Meersalz
Blätter von einem Stängel Oregano

mischen und in einer alten Kaffeemühle fein mahlen.

Oder je Mühlen-Füllung 2 Drittel Fichtenwipfel, 2
Blätter Oregano, obenauf 2 ½ Teelöffel Salz.

Das gemahlene Gemisch auf einem Ofenblech,
ausgelegt mit Backpapier, bei 50°C trocknen, gegebenenfalls nochmals mahlen. In kleine Schraubgläser
füllen, passt gut zu Wild, Grillgut und Fisch.

Fichtenwipfel-Sirup

100g Fichtenwipfel und 250g Zucker in einem 630 ml-
Glas abwechselnd schichten, obenauf 50g Zucker.
Das Glas an einen warmen sonnigen Ort stellen. Nach
ungefähr 6 Wochen ist der Zucker flüssig und die
Wipfel sind braun geworden. Den Sirup abseihen und
in einem Schraubglas im Kühlschrank aufbewahren.
Eignet sich gut zum Verfeinern von Saucen.

Am nächsten Morgen wartet die Katze schon darauf, dass Erwin ihr die Tür öffnet. Sie huscht raus und Erwin inspiziert gleich Flur und Küche, ob die Katze irgendwo hingemacht hat; hat sie nicht. Erwin beginnt damit, den Schornstein hochzuziehen. Mitte der Woche baut er sich aus Böcken und dicken Brettern eine Rüstung, hievt den Mörtelkübel hoch und stapelt sich daneben immer 12 Ziegelsteine, die er dann vermauert. Am Freitagvormittag fährt Eichenkötter mit seinem Trecker und dem Anhänger voll Bauholz auf den Hof. Die Männer stapeln Kanthölzer, Bohlen und Dachlatten fein säuberlich und sortiert übereinander. »Ganz schön schwer, der Polter«, knurrt Eichenkötter; er ist auch nicht mehr der Jüngste. Nach der Schinderei trinken die Beiden ein Bier am Gartentisch in der Sonne. Als Eichenkötter mit seinem Trecker wieder davontuckert, mauert Erwin noch einige Schichten am Schornstein hoch, denn am Sonnabend will er probeheizen.

Am Sonnabendmorgen, der Schornstein hat noch nicht seine endgültige Höhe erreicht, aber Erwin will wissen, ob er zieht, hackt er Erlenholz. Als erste trifft die Elfe ein.

»Mensch Erwin, am frühen Morgen schon so fleißig. Startet unser Probeheizen?«

»Na klar, der Schornstein wird zwar noch einige Lagen höher, aber heute muss er zeigen, ob er richtig zieht. Wenn nicht, habe ich Pech gehabt.«

»Das wird schon Erwin. Und zur Feier des Tages steht heute Fisch auf der Tagesordnung. Ich war beim

Fischer Friedrich Busemann und habe uns einen Hecht gekauft. Zum Abend gibt es noch Garnelen in Honig.«

»Fischt Busemann jetzt schon in der Nordsee?«

»Nee, die Garnelen sind aus dem Supermarkt.«

Erwin schleppt zwei große Apfelkörbe voll Holz vor den Backofen und holt aus dem Holzschuppen trockene Birkenrinde. Er ist aufgeregt, steckt sich einen Zigarillo an und geht vor dem Ofen auf und ab. Die drei Frauen treffen gemeinsam auf ihren Fahrrädern ein.

»Juhu Erwin, heute ist Feuertaufe.« Berta hat rote Wangen vom Fahrradfahren. Ihr buntes Leinenkleid flattert im Fahrtwind, die schwarz-gelb geringelten Socken hat sie eingemottet, ihre nackten Waden lechzen nach Sonne. Suse trägt ihren grünen Hosenanzug und Pias Haare und Lippen glänzen heute besonders rot, findet Erwin. Die Frauen packen in der Küche ihre Taschen aus und Erwin bestückt Backofen und Kochhexe mit kleinem Anmachholz. Dann kramt er sein Sturmfeuerzeug aus der Hosentasche und ruft die Frauen. »Es kann losgehen, ich zünde jetzt an.«

Die Birkenrinde brennt unter dem Holz im Backofen und entfacht das Feuer am dünnen Erlenholz, Erwin legt einige dickere Scheite obenauf. Die Frauen stehen gebückt hinter dem knienden Erwin und schauen gebannt in die Feuerluke. Ein wenig Rauch schlägt aus ihr zurück und verzieht sich dann aber wieder in den Ofen.

»Das ist normal beim Anheizen«, sagt Erwin. Er steht auf und schaut zum Schornstein. Dünner Rauch kräuselt empor, Erwin zündet seinen ausgegangenen Zigarillo wieder an und stößt ebenfalls eine Rauchwolke aus.

»Mädels, lasst euch umarmen, der Backofen zieht, die Hexe wird es uns auch gleich zeigen.«

Pia ist die Erste, die Erwin in den Arm nimmt, dann Suse und Berta. Die holt aus ihrer Schürze eine Flasche Ingwerlikör und ein Schnapsglas, gießt es voll und hält es Erwin hin. »Du musst ihn taufen, schütte den Likör in den Ofen.« Die Elfe schwirrt um den Ofen und landet vor Erwin. »Genau, sonst ist hier nix von Dauer.«

Erwin schüttet, es zischt und dampft kurz, aber der Duft verzieht sich durch den Schornstein. Suse klatscht in die Hände. Nun zündet Erwin Birkenrinde im Feuerraum der Kochhexe an und schaut gespannt, ob Rauch zurückschlägt und wie sich die Flammen verhalten. Nur wenig Rauch kommt aus der Feuerluke, der sich auch wieder verzieht und die Flammen lodern in Richtung Fuchs. Erwin legt noch einige Scheite ins Feuer und richtet sich auf, geht um die Kochhexe herum und tätschelt den gemauerten Fuchs. »Das machst du gut, Kumpel.« Berta hat das Schnapsglas wieder gefüllt, Erwin schüttet den Ingwerlikör auf die dicken Eisenplatte der Kochhexe. Ein süßlicher Duft nach verbranntem Ingwer steigt auf, die Platte ziert ein Fleck. »Der verschwindet mit der Zeit wieder.« Erwin breitet seine Arme aus. »Lasst uns feiern!«

Zur Feier des Tages legt Suse eine Tischdecke auf den Gartentisch, Erwin klappt die Stühle auf, Pia holt aus der Küche Brettchen, Ziegenkäse und Brot und Berta kommt mit Rotwein und Bechern. Hedwig holt ihr Rezeptbuch aus der Tasche und legt es auf den Tisch, die Katze kommt aus Richtung Hühnerstall dazu. Plötzlich halten alle inne – der Hahn kräht.

»Das erste Kikeriki, wenn das kein gutes Zeichen ist.« Erwin gießt Rotwein ein und Berta Ingwerlikör, Pia schneidet Käse und Suse das Brot. Die Katze legt sich entspannt in die Sonne, den Plopp der Rotweinflasche hat sie nicht gehört, die hatte Berta schon in der Küche geöffnet. Hedwig steigt auf und macht mit ihrem Handy Fotos von der feiernden Gesellschaft und dem qualmenden Schornstein.

»Hedwig, du hast ja auch ein Handy, zeig mal her.«

»Nix da, das ist nichts für deine großen Mollpoten. Ihr könnt aber alle mal schauen und zukünftig werden wir unsere Kochabenteuer dokumentieren.«

»Dokumentieren«, feixt Pia. Alle schauen sich die Fotos an, die Hedwig geschossen hat und sogar ein kurzes Video.

»Da schau her, unsere Drohne Hedwig.« Berta füllt Rotwein nach. Bald sind zwei Flaschen leer, Brot und Käse sind aufgegessen, das Feuer im Ofen ist erloschen.

»Ich schwirre dann mal in die Küche, das Essen zubereiten, wer hilft mir?«

»Das ist mein Wochenende«, sagt Berta, »ich helfe dir. Und ihr besauft euch nicht. Vertretet euch lieber die Beine und schaut, was im Garten schon sprießt.«

»Erwin«, ruft die Elfe noch von der Haustür, »heize noch mal die Kochhexe an, ich möchte dort das Gemüse und den Couscous aufsetzen.«

Die Elfe und Berta bereiten in der Küche alles vor, rösten Korianderkörner an, schneiden Zwiebeln, Knoblauch und Tomaten. Die Aroniabeerensträucher neben dem Backofen tragen Knospen, Petersilie und Oregano grünen und die Katze liegt wieder vor dem Hühnerstall und beobachtet die Pitten. Erwin heizt die Kochhexe noch einmal an, gerade rechtzeitig, bevor Hedwig und Berta mit den Töpfen kommen. Der Fisch gart im Küchenherd. Es dauert eine Weile, bis die Kochhexe auf Temperatur ist und das Wasser für den Couscous kocht, Berta schwitzt in der Pfanne Zwiebeln und Knoblauch an und schmort dann die Tomaten.

Nach dem Essen hackt Erwin wieder Holz, denn am Abend möchte Hedwig noch etwas auf der Kochhexe bruzzeln. Berta und Suse haben sich einen Liegestuhl aus dem Schuppen geholt und Pia sitzt auf einem Holzschemel mit der Katze vor dem Hühnerrevier. Der Hahn Giuseppe beäugt argwöhnisch Pias roten Schopf, dann kräht er wieder.

Fisch in Korianderkruste

Ein ganzer Fisch oder Fischfilets
6 TL Korianderkörner
1 TL grobes Meersalz
1 TL Erotic-Curry
Olivenöl
Weißwein
1 Zitrone

Die Korianderkörner anrösten, abkühlen lassen und zusammen mit Salz im Mörser zerstoßen, dann Erotic-Curry dazu geben.
Den Fisch in der Mischung wälzen, in eine mit Öl ausgestrichene Kasserolle legen und zugedeckt im Ofen 20 bis 25 Minuten schmoren, bei einem ganzen Fisch dauert es je nach Größe länger.
Vor dem Servieren mit Weißwein ablöschen und kurz köcheln lassen, dann den Fisch mit Zitronensaft beträufeln.

Dazu passen Tomaten, mit Zwiebeln und Knoblauch geschmort, oder Mangold und Couscous mit Butter.

Als die Sonne am späten Nachmittag an Wärme verliert, heizt Erwin nach der Kochhexe auch den Backofen an, denn das Gemäuer muss trocknen. Hedwig steht an der Kochhexe und bereitet das Abendessen zu, sie findet zunehmend Gefallen am Abenteuerkochen. Die Frauen stellen Windlichter und einen großen dreiarmigen Kerzenhalter mit dicken Stumpenkerzen auf den Tisch und dekorieren ihn mit Fichtenwipfeln. Erwin prüft mit der Hand die Wärme der Backofenwölbung; da wird er noch eine dicke Schicht Lehm als Wärmedämmung aufbringen, aber erst, wenn ein Dach darüber ist.

Später, als alles aufgegessen und die zweite Flasche Rotwein geöffnet ist, frischt es auf, der Abendwind lässt die Tischdecke flattern und die Flammen der Kerzen neigen sich gen Osten. Seelenruhig und freudig über den gelungenen Tag trinken die Frauen ihren Wein aus, Erwin holt sich noch einen Knoblauchschnaps und Zigarillo. Pia und Suse treten die Heimfahrt an, Hedwig sitzt auf dem Gepäckträger von Pias Klappfahrrad, die roten Rücklichter verschwimmen langsam in der Abenddämmerung. Berta legt die Tischdecke zusammen, die Rotwein- und Wachsflecken zieren. Erwin schließt die Hühnerklappe, tätschelt nochmal den Backofen und geht in die Küche, wo Berta das Geschirr zusammenräumt, die Katze liegt schon in ihrer Kiste.

Garnelen in Honig glasiert

225 g gekochte Garnelen
1 EL Olivenöl
2 EL Fischsauce
1 EL Honig
2 TL frischer Oregano
schwarzer Pfeffer

Öl, Fischsauce und Honig in einer Kasserolle erhitzen und die Garnelen dazu geben, ca. 6 Min. sautieren und wieder heraus schöpfen.
Die Sauce reduzieren und mit Oregano abschmecken, über die angerichteten Garnelen gießen und mit Pfeffer bestreuen. Dazu Baguettes oder Weißbrot reichen.

Am Sonntag pflücken Erwin und Berta Fichtenwipfel und setzen Sirup an, schichten Zucker und Wipfel in einem Gurkenglas und stellen es auf die Fensterbank in die Sonne. Dann mahlen sie alle Zutaten für das Salz in der alten Kaffeemühle, so wie es die Kunkel notiert hat. Fünf Mühlenfüllungen verteilt Berta auf dem Backblech und schiebt es zum Trocknen in den Küchenherd, umarmt Erwin noch kurz und sagt: »Lass hier nichts anbrennen.« Dann steigt sie auf ihr Uralt-Fahrrad und radelt ins Dorf. Erwin klappt am Backofen seinen Zollstock aus und hält ihn am Schornstein in die Höhe. So um die 20 Schichten muss er den Zug noch höher mauern, genug Arbeit für die kommenden Tage.

Vier Tage lang rackert Erwin um den Schornstein hochzuziehen. Es wird dabei immer beschwerlicher; Steine auf die Rüstung legen, Mörtel nach oben in den Kübel schippen und Steine auf Maß hacken, wie es beim Schornsteinbau unvermeidlich ist. Am Donnerstag Mittag ist es endlich geschafft. Erwin setzt sich zufrieden in die Sonne, knastert einen Zigarillo, trinkt fast in einem Zuge eine Flasche Wasser aus und genehmigt sich danach einen Knoblauchschnaps. Er wischt sich den Schweiß von der Stirn, säubert sein Maurerwerkzeug, räumt es in den Schuppen, steckt sich Zollstock und Bleistift in die Hose, nimmt den Zimmermannswinkel in die linke Hand und die Motorsäge in die rechte. Am Bauholzstapel zieht er sich Kanthölzer heraus und schneidet die Stiele und die Rähme auf Maß. Später sitzt Erwin wieder glücklich bei Zigarillo und Knoblauchschnaps in der Abendsonne.

Der fette weiße Toyota Pickup wirbelt am frühen Freitagmorgen den Staub auf dem Hof auf. Hein Ziesenwusel, Erwins Freund aus Jugendjahren, steigt aus und schlendert zum Haus. Die beiden halten schon ewig zusammen, obwohl der Hein dem Erwin einmal die Suse ausspannen wollte. Aber das hat nicht geklappt und somit ist die Erinnerung an diese Angelegenheit in der Versenkung verschwunden. Hein ist Forstmann und Erwin hatte von ihm die Baumstämme bekommen, welche Eichenkötter gegattert hat. Erwin steht in der Küche und spült gerade seinen Kaffeepott aus.

»Moin Erwin«, krächzt Hein, er schleppt noch ein wenig Corona in der Stimme mit. Die beiden Männer umarmen sich und gehen dann zum Pickup. Hein klappt die hintere Bordwand runter und zieht unter der Plane eine Kiste Bier hervor, die er zum Holzstapel trägt.

»Damit der Tag nicht zu trocken wird.«

»Aber nicht, wenn wir sägen«, sagt Erwin konsequent.

»Du sägst, ich bohre«, sagt Hein verschmitzt, klemmt sich Schlangenbohrer und Schraubzwingen unter den Arm, greift sich den Akkuschrauber und legt das Werkzeug auf den Gartentisch. In dem Moment fährt der angerostete Bulli von Eichenkötter auf den Hof. Forsch öffnet Eichenkötter die Tür und schwingt sich raus.

»Auf gehts. Lang den Arm und kurz die Pause.«

»Ich könnte erst mal ein Bier vertragen«, krächzt Hein.

»Nix jetzt, erst wenn die Stiele stehen.« Eichenkötter schiebt Hein zum Backofen, Erwin grinst. Dann geht es flott von der Hand. Sie stellen zuerst die beiden hinteren Stiele an die ins Fundament gegossenen Blechlaschen, schrauben sie fest und stützen sie mit Dachlatten ab, so dass sie nicht umkippen können. Die beiden vorderen Stiele werden ebenso verschraubt und mit Dachlatten an den hinteren Stielen fixiert.

»So, der Polter steht. Jetzt, Hein, kannst du deine Stimme ölen.« Erwin reicht jedem ein Bier und öffnet sich eins mit dem Zollstock. Während die Männer Bier trinken und über Holzbauarbeiten fachsimpeln, radeln Suse und Berta auf den Hof. Berta hat auf dem Gepäckträger einen Picknickkorb, der mit Stullen, Bouletten und sauren Gurken bestückt ist. Die Männer essen gleich im Stehen, die Frauen setzen sich in die Sonne und begutachten das aufgestellte Gebälk. Als die Frauen wieder davon radeln, liegen auch schon die beiden Rähme auf und Erwin schneidet die Querbalken zu. Am späten Nachmittag liegen auch die beiden äußeren Querbalken auf und sind mit jeweils zwei Kopfbändern arretiert. Erwin holt Knoblauchschnaps, ein lauer Wind trägt den Rauch von seinem Zigarillo über den Hof.

»Morgen findet das Probebacken statt, ihr seid

herzlich eingeladen und meine Zeugen auf Gedeih oder Verderb.« Eichenkötter hebt seine Pranke zum Zeichen des Einverständnisses, Hein nickt und krächzt irgendwas.

»Dann bauen wir vormittags am Gebälk weiter«, sagt Eichenkötter und öffnet noch drei Flaschen Bier. Erwin holt einen Korb voll Holz und heizt den Backofen für den nächsten Tag vor, die Männer schauen mit träumenden Blicken durch die offene Ofentür in die lodernden Flammen und trinken ihr Bier aus.

Am Sonnabendmorgen kräht der Hahn Giuseppe besonders laut und stolziert aufgeregt durch das Hühnerrevier. Hedwig und Suse setzen in der Küche Teig für die Brote an, die sie in der Mittagsstunde in den Backofen schieben wollen. Erwin, Hein und Eichenkötter sind wieder am Gebälk tätig, die Motorsäge knattert und der Schlangenbohrer quietscht. Am späten Vormittag trudeln Berta und Pia ein, die Männer packen gerade ihr Werkzeug zusammen. Sie haben die restlichen Querbalken und Kopfbänder montiert. Erwin heizt den Backofen an und und die beiden anderen Männer hacken abwechselnd Holz. Berta stellt zwei alte olivgrüne Feldkochgeschirre auf den Gartentisch. Erwin schaut fassungslos. »Was soll das denn jetzt bedeuten?«

»Da ist Hühnersuppe drin, die ich gestern noch für euch gekocht habe, mit dem Brot dauert es wohl noch eine Weile.«

64

»Stimmt. Hunger haben wir jetzt nach der Schinderei. Wo hast du denn die Blechdinger her? Habe ich nie bei dir gesehen.«

»Die sind von Pia, waren im Schuppen von der Ziegelei. Die kramt dort immer wieder etwas hervor.«

»Ist doch Bestens, die stellen wir gleich auf die Hexe.«

Die Suppe ist im Nu alle, die Männer strecken die Beine unter dem Tisch aus und trinken Bier. Suse kommt aus dem Haus und schaut auf das Thermometer an der Backofentür. »290 Grad, ich sage Hedwig Bescheid, dass wir erst oben das Blech reinschieben können und die anderen Brote hinterher.« Kurz darauf kommt sie mit einem großen Kuchenblech zurück, das sie vom Bäcker aus dem Dorf besorgt hat. Drei runde Kranzbrote liegen auf dem Blech, mit Kerben verziert und in der Mitte eines jeden Brotes steckt ein bemalter Keramikbecher aus einem alten rumänischen Service, das in den 70er Jahren modern war.

»Hedwig meint«, erklärt Suse den Männern, »dass sich die Öffnung im Kranzbrot beim Backen wieder zusammenzieht, soll sie aber nicht. Außerdem ist in den Bechern gleich Wasser für das Backofenklima.«

Erwin öffnet die beiden oberen Ofenklappen und Suse schiebt das Blech auf die Schamottplatte. Das Thermometer zeigt nun 270°C an und Erwin macht sich am unteren Backofenraum zu schaffen. Er schiebt mit einem langen Holzscheit die Glut zu beiden Seiten an die Züge, die nach oben gehen, und bessert mit einem Ascheschieber nach. Hinter ihm wartet schon Hedwig mit dem hölzernen Brotschieber, zwei Bauernbrote schießt sie in den Ofen ein. Banges Warten am Gartentisch bei feuchtfröhlicher Stimmung folgt. Ab und zu schaut Hedwig auf das Thermometer, Erwin öffnet ihr einen Spalt breit die Ofenklappen, damit sie hinein schauen kann. Als Hedwig der Meinung ist, dass die Brote durchgebacken sein müssten, zieht sie das Blech mit ledernen Schweißerhandschuhen von Erwin aus dem Ofen und stochert dann die Brote mit dem Brotschieber heraus. Die Bauernbrote sind oben etwas dunkel und als sie ein Kranzbrot umdreht, entfährt ihr »Scheiße, das sieht nicht gut aus«. Das Kranzbrot ist unten etwas angebrannt, auch die anderen beiden. Erwin kratzt sich am Kopf.

»Ich vermute, die Hitze von der Schamottplatte ist daran schuld. Vielleicht hat sie eine zu hohe Rohdichte, speichert zu viel Wärme, deshalb sind die Brote unten angebrannt.«

»Also die unteren Brote hätten auch ein wenig früher raus gekonnt«, meint Hedwig. »Da haben wir diesen Fall schon geklärt. Und für oben wird uns auch noch was einfallen. Beim nächsten Backen legen wir einfach ein umgedrehtes anderes Backblech darunter und schauen, ob das bessere Ergebnisse bringt. So, jetzt wird gegessen.«

Berta und Suse kratzen das Dunkle vom Kranzbrot ab und Pia tischt auf. Dann essen alle das frische, noch warme Brot mit Butter und Ziegenkäse, dazu Oliven, Ingwerquark und Schinken. Sie spülen den Mund mit Rotwein und Knoblauchschnaps aus. Dann meint Erwin:

»Ich habe noch eine Idee. Ich werde Dachziegel auf die Schamottplatte legen, und darauf kommen dann die Bleche mit Broten oder Kuchen. Dann sollte es passen.«

»Ach Erwin«, Suse ist bester Laune, »mach es so und beim nächsten Mal weißt du es besser.«

»Und alle, die mein Buch lesen.«

»Was, du schreibst ein Buch?«

»Na klar, alles wird dokumentiert.«

»Kommen wir auch darin vor?« Berta verschluckt sich fast vor Aufregung.

»Natürlich, ohne euch wäre das hier alles nichts. Hoch die Tassen.« Erwin füllt nach, Suse hält die Nase in den Abendwind, Bertas Goldzahn blitzt, die Elfe macht die Drohne, Pia schüttelt ihre roten Locken, Eichenkötter schwingt seine Pranke in die Höhe, Hein krächzt und Erwin nuschelt mit seinem Stumpen im Mundwinkel:

»Auf die Kochbackofenhexe, äh Backofenkochhexe.«

Die Elfe will noch einige Fotos von oben machen, trudelt aber ab und setzt sich schnaufend wieder an den Tisch.

»Von wegen Elfen werden nicht betrunken.«

»Stimmt«, sagt Pia. Hedwig nickt. »Wie komme ich bloß nach Hause?«

»Ich fahre dich«, sagt Hein gönnerhaft.

»Jepp, in so 'ner fetten Kiste wollte ich schon immer mal mitfahren.«

Später am Abend lädt Hein die Fahrräder von Berta und Pia auf seinen Pickup und fährt die drei Frauen nach Hause. Eichenkötter tuckert mit seinem Rostbulli durch den Wald, Suse räumt den Tisch ab und Erwin steht in Gedanken versunken am Backofen und streichelt das warme Gewölbe. Der Mond lugt über die Bäume und in der Schlafkammer macht Suse das Licht an. Erwin poltert die Treppe hoch. Der Mond ist gespannt, welche unterhaltsamen Abenteuer er noch präsentiert bekommt.

Kranzbrot

600gRoggenmehl Type 1150
400g Weizenmehl Type 550
2Hefewürfel
1 TL Zucker
2 EL Salz
1 TL Chili, geschrotet
½ TL Anis, gemahlen
ca. 600ml lauwarmes Wasser
Mehl zum Bestäuben

Das Mehl in einer große Rührschüssel mischen und in der Mitte eine Vertiefung eindrücken. Die Hefe mit dem Zucker in etwas lauwarmem Wasser auflösen und in diese Vertiefung geben.

In der Mitte einen Vorteig anmachen, nach und nach das Wasser zugießen und einen mittelfesten Teig kneten. Den Teig 40 bis 60 Minuten - bis er sein Volumen verdoppelt hat - zugedeckt an einem warmen Orte ruhen lassen. Den Teig in drei gleiche Stücke teilen, rund wirken und ca. 20 Minuten mit einem Tuch abgedeckt ruhen lassen, dann in der Mitte ein Loch durchstechen und zu Kränzen auseinanderziehen. In die Öffnungen ein kleines Keramikgefäß stellen, damit sich diese beim Gehen und Backen nicht wieder schließen können. Die Kränze mit Mehl bestäuben, zugedeckt ruhen lassen und nach weiteren 5 Minuten ringsherum einkerben. Im Ofen mit einer Tasse Wasser ca. 45 Minuten backen.

Deftiges Bauernbrot mit Hefe

1000 g Weizenmehl
1 Würfel Hefe
20 g Salz
500 ml lauwarme Milch
1 TL Zucker
50 g Schmalz

Hefe mit Zucker und etwas lauwarmer Milch anrühren, Mehl und Salz mischen und die aufgelöste Hefe in eine Mulde mittig in der Schüssel gießen und aufgehen lassen, zwischendurch das Schmalz leicht erhitzen und am Rand der Schüssel über das Mehl gießen. Wenn die Hefe aufgegangen ist, mit der restlichen Milch einen Teig kneten und diesen aufgehen lassen. Dann entweder ein großes oder zwei kleine Brote formen und diese auf einem Backblech nochmals 30 Minuten gehen lassen. Die Brote einkerben und mit einem Pinsel mit Wasser anfeuchten. Der Holzbackofen sollte beim Einschießen 270°C haben, 50 bis 60 Minuten backen und die Klopfprobe machen.

Der Brotteig kann je nach Geschmack mit Gewürzen oder Nüssen verfeinert werden.

Am Sonntag regnet es in Strömen. Erwin setzt seinen alten Filzhut auf und versorgt die Hühner. Als er zurück zum Haus geht, sind seine Schultern pitschenass und auch von der Hutkrempe tropft der Regen, er muss sich ein trockenes Hemd anziehen. Er kramt im Kleiderschrank, schiebt die Kleiderbügel von links nach rechts und findet in den dunklen Tiefen der linken Seite sein altes rotkariertes Holzfällerhemd, was er seit mehr als zehn Jahren nicht getragen hat. Stolz trappelt er die Treppe herunter, in der Küche hat Suse schon den Tisch gedeckt. Nach dem Frühstück fährt er Suse ins Dorf, auf dem Rückweg hält er an der Dorfkneipe an.

»Da schau her«, krächzt Hein, »unser alter Waldschrat.«

»Der Hein«, kontert Erwin, »spült schon am Vormittag sein Krächzen runter.«

»Nee, muss meine Gelenke ölen von der Bauerei.«

»Ich helfe dir dabei.« Erwin setzt sich und der Wirt, wegen seiner buschigen Augenbrauen Eule genannt, stellt ihm flugs einen Halben hin. Neben Hein sitzen Franz Krötenbach, der leidenschaftlich gern Skat spielt, und der Jäger Josef Schleich. Erwin zu einer Runde Skat zu überreden fällt nicht schwer, denn der benötigt auch ein wenig Entspannung. Nach drei Halben und etlichen verlorenen Spielen fährt Erwin vergnügt durch den Regen nach Hause. Der Scheibenwischer schrapelt über das Glas und Erwins Gedanken bekommen Flügel. Zuhause fährt er im Wohnzimmer seinen alten PC hoch. Da er daran nicht mehr viel zu tun hat und sein Leben sich hauptsächlich in der Küche und auf dem Grundstück abspielt, meint er, der Lüfter vom PC knarzt wie sein alter Lada. Erwin beginnt zu schreiben, der Alkohol von den drei Halben nimmt Fahrt auf. Erwin vermischt den Bau der Backofenkochhexe, wie er es nun nennt, mit zusätzlich erfundenen Begebenheiten. Es soll ja keine Dokumentation werden, sondern eine unterhaltsame Erinnerung. Er schreibt fast 6 Seiten, leert zwischendurch noch einige Becher Rotwein und geht dann erschöpft, aber zufrieden ins Bett. Der Regen prasselt gegen das Dachfenster und der Mond ist diffus durch die Regenwolken zu erkennen.

Die kommenden Tage nutzt Erwin, um das Gebälk fertig zu stellen, gemeinsam mit Eichenkötter montiert er die Steher auf beiden Querbalken an den Giebeln und dann den Firstbalken. Danach fertigt er sich für die Binder eine Schablone an und schneidet sie allesamt zu. Am Donnerstag beginnt es wieder zu regnen, Erwin vertreibt sich den Tag mit Schreiben. Er ist in seine Geschichte vertieft, da hört er, wie es an der Haustür klopft, kurz danach, wie sie geschlossen wird. Die Elfe lugt durch die halboffene Tür in das Wohnzimmer.

»Hedwig, was treibt dich bei dem Nieselregen in den Tann, deine Flügel sind ja ganz nass.«

Erwin steht auf und schiebt Hedwig in die Küche, nimmt ein Geschirrtuch und trocknet ihr die Flügel ab.

»Ich wollte dich unterwegs anrufen, dass du mir entgegen kommst, aber der Akku ist alle. Wir fahren jetzt zu Raimund Schabalski, der hat heute Kamerunschafe geschlachtet, und holen uns einen Wochenendbraten.«

Der Schäfer erwartet sie schon, der Regen hat sich gelegt und Schabalski lehnt im Abenddunst am Gartenzaun, zu übersehen ist er nicht bei seiner Größe.

»Tach Erwin, ist zwar noch nicht Herbst, aber der Bock musste weg, der hat schon alle Weiber besprungen, es wird immer lustiger hier, fast nur noch Zwillingsgeburten, das war vor zehn Jahren noch eine Seltenheit.« Er streckt Erwin seine Riesenpranke hin. »Das liegt wahrscheinlich am Klimawandel, und im Sommer wird auch das Grün wieder knapp.«

»Vielleicht hatte er Longcovid«, sagt Erwin trocken und schüttelt Raimunds Pranke.

»Der Rücken und die Keulen sind leider schon weg, die bekommst du wieder im Herbst. Blätter, Rippen und den Hals könnt ihr haben.«

»Ist in Ordnung Raimund, Hedwig zaubert etwas draus. Wir Bauarbeiter sind nicht so wählerisch.«

»Hedwig hat von deiner Abenteuerküche erzählt, ich werde dich demnächst besuchen, hast du Bier da?«

»Immer, und Knoblauchschnaps und Schinken.«

»Ich komme. Im Herbst bringe ich dir auch wieder Schinken, den du für mich räuchern sollst, steht der Räucherschrank noch?«

»Der ist mittlerweile wacklig und undicht, ich werde mir einen neuen mauern, das klappt bis zum Herbst.«

Schabalski winkt zum Abschied, seine Pranke wirkt

im Rückspiegel, angeleuchtet von der Abendsonne, wie eine Polizei-Stop-Kelle.

Wieder zurück in Erwins Haus schließen sie Hedwigs Handy an den PC und übertragen die Videos, die sie auf der Party vom Ofenanheizen aufgenommen hat. Dann legt Hedwig das Fleisch vom Kamerunlamm mit Salz, Gewürzen und Olivenöl in einer großen Kasserolle ein und bringt diese in den kühlen Keller. Der Rotwein ist dabei ein kleines Helferlein und auch später, als Erwin und die Elfe schon Pläne für die Einweihungsparty schmieden.

»Das wird eine Mordsgaudi, Erwin. Bete zum Mond, dass dann das Wetter gut ist«, lallt Hedwig.

»Wieso zum Mond beten, Hedwig?«

»Na, mit dem kannst du doch gut.«

Erwin verdreht die Augen. »Gut, mache ich. Und so blau, wie du bist, bleibst du heute Nacht hier, kannst bei mir oben schlafen, das ist völlig ungefährlich, bist doch ein Neutrum.«

»Nee, du zerquetschst mir meine Flügel, wenn du dich im Schlaf wälzt. Ich schlafe hier auf dem Sofa.«

»Na, wie hast du geschlafen«, fragt Erwin, als er morgens in das Wohnzimmer kommt. Die Elfe lugt unter der Decke hervor, sie hat Augenringe und sieht blass aus.

»Wie siehst du denn aus, Hedwig.«

»Das kommt vom Kotzen. Musste ich in der Nacht noch, dann konnte ich nicht mehr einschlafen und habe nachgedacht.«

»Und? Erkenntnisse?« Erwin feixt.

»Grins nicht so hinterhältig. Wir werden experimentieren. Nicht wie die Fernsehköche. Ja, von denen kann man auch was lernen, aber das möchte ich so nicht nachmachen, wir sind hier kein Restaurant, wo man Figuren mit Sauce auf die Teller zaubert. Wir sind hier im Wald und kochen archaisch und abenteuerlich, es soll vor Allem schmecken, anders, deftig, den Gaumen auf unsere Kochart kitzeln, und so werden wir das halten. Ich habe meistens auch nur Rezepte nachgekocht, ein wenig variiert, aber jetzt können wir richtig kreativ werden. Wenn ein Gericht nicht so schmeckt, wie wir es uns vorgestellt haben, wandert das Rezept in die Tonne, gnadenlos.«

»Jawoll Hedwig, gnadenlos. Und jetzt machen wir uns Frühstück. Ein wenig frische Luft täte dir gut, du kannst die Pitten rauslassen, ich koche Kaffee.«

Die Elfe steigt im Unterrock unter der Decke hervor und zieht sich ihr Kleid an, schlurft dann aus dem Haus. Erwin stellt die Kaffeemaschine an, schneidet Brot, Käse und Schinken auf und deckt den Tisch.

»Schau mal Erwin«, die Elfe erscheint in der Küche wie verwandelt, lächelt und hält Erwin die Hand unter die Nase. »Die ersten zwei Eier! Die kommen gleich in den Topf.«

Nach dem Frühstück macht sich die Elfe auf den Heimweg und Erwin legt die Beine hoch. Der gestrige Abend war auch für ihn anstrengend.

Während am Sonnabend Vormittag Erwin mit Eichenkötter und Hein das Gebälk fertig stellt, schmort Hedwig auf der Kochhexe eine Lammpfanne. Der Bräter ist mit dem Lammfleisch randvoll gefüllt und mit Java-Curry gewürzt. Nach dem Anbraten legt sie den Deckel drauf und lässt alles schmirgeln, später kommen noch Oliven, viel Knoblauch, Zwiebeln, Ingwer und getrocknete Tomaten hinein. Berta kümmert sich um das Feuer und Suse bereitet Ingwermöhren zu.

Gegen Mittag fährt Pia schnaufend mit ihrem Minirad auf den Hof. Das Rad schlingert, denn am Gepäckträger sind Satteltaschen angebracht und ein schwerer Rucksack auf Pias Rücken drückt auch auf das kleine Hinterrad.

»Was schleppst du denn hier an, Pia?« Berta glotzt.

»Maibock, habe ich direkt aus der Brauerei geholt, einundzwanzig Flaschen, für jeden von uns drei.«

»Her damit«, krächzt Hein oben vom Dachstuhl und klettert die Leiter runter.

»Stopp!« Pia lehnt das Rad an die Schuppenwand und legt den Rucksack ab. »Erst mache ich eine Bauabnahme und wenn ich zufrieden bin, feiern wir Richtfest mit allem Drum und Dran.« Sie beschaut sich den Dachstuhl, wo Erwin gerade die letzte Lasche an den Kehlbalken schraubt. »Das sieht ja schon gut aus, Männer, wir brauchen aber noch eine Richtkrone.«

»Scheiße, daran habe ich nicht gedacht. Wusste doch nicht, dass wir heute schon Richtfest feiern können.«

»Aber ich habe mir das gedacht. Nun, ein Strauß

macht es auch.« Pia geht zum Garten, Berta stellt sich ihr in den Weg und umarmt sie. »Du bist ja eine kleine Hellseherin, Freundin du.«

»Freundin? Seid ihr nicht mehr eifersüchtig?«

»Ich nicht, gehe doch mit Ringelsocken ins Bett, wie Suse sagt, aber die kannst du ja mal fragen.« Berta grinst über das ganze Gesicht, ihr Goldzahn glitzert.

»Komm, wir pflücken einen Strauß.«

Als die beiden mit einem bunten Strauß, gemischt mit grünen Zweigen, zurück kommen, steht Erwin schon erwartungsvoll auf der Leiter, Suse ist auch aus der Küche gekommen, Eichenkötter lehnt am Gebälk, die Elfe steht mit ihren Händen in der Schürze vor der Kochhexe und Hein hat bereits die Satteltaschen entleert und das Bier auf dem Gartentisch deponiert. Berta reicht Erwin den Strauß, den er an einer Schraube am Giebel aufhängt.

»Du musst einen Spruch machen«, krächzt Hein und hält ihm eine Flasche Maibock hin.«

»Ich kenne keine Zimmermannssprüche.«

»Musst du nicht, sag was Individuelles.«

»Gix Gax Gex, wir vertrauen uns'rer Hex'«, entfährt es Erwin und er reckt die Bierflasche in die Höhe. Es klirrt gewaltig als alle miteinander anstoßen.

Die Lammpfanne wird restlos alle und Hedwigs Kochkünste gelobt, der Maibock ist längst ausgetrunken, Rotwein und Knoblauchschnaps sind gefolgt.

»Der Dachstuhl ist gut geölt und konserviert«, Hein krächzt noch stärker. Alle nicken fast unisono.

Lammpfanne mit Ingwermöhren

Hals, Blätter und Rippchen vom Kamerunlamm
Zwiebeln
Knoblauch
Ingwer
Oliven
getrocknete Tomaten
Olivenöl
Salz
Java-Curry
Weißwein
Möhren
Schalotten

Die Rippchen teilen, Blätter und Hals im Ganzen mit Salz und Java-Curry würzen, in Olivenöl anbraten und mit Weißwein ablöschen. Eine Stunde köcheln lassen, dann geviertelte Zwiebeln, Knoblauchzehen, kleingeschnittenen Ingwer, Oliven und getrocknete Tomaten hinzugeben.

Die Möhren schneiden wir in Scheiben. In eine kleine Kasserolle mit Stiel geben wir die fein gewürfelten Schalotten und den gestiftelten Ingwer in heißes Olivenöl. Wenn die Schalotten glasig sind, kommen die Möhren und der restliche Knoblauch hinzu. Ein ganz klein wenig Wasser und natürlich Salz und ein wenig Java-Curry. Deckel drauf und bei geringer Temperatur köcheln lassen.

Java-Curry

1 TL Koriander
2 TL Bockshornklee
½ TL Kreuzkümmel
½ TL Macis
3 TL Zitronengras
3 Lorbeerblätter
1 TL Kardamon
1 TL Nelken
3 TL Kaffirlimettenblätter
2 TL Kaffeebohnen
2 Stk. Jaborandi-Pfeffer (langer Pfeffer)
3 cm Ceylon-Zimtstange

Alle Gewürze in einer Pfanne erhitzen, bis sie duften und dann mahlen. Zu dieser Mischung kommen noch

1 TLKurkuma
1 TL Ingwerpulver
½ TL geriebene Zitronenschale
2 TL Paprika
3 TL Kokosblütenzucker
etwas geriebene Muskatnuss

Am späten Sonntagvormittag trudeln Hein und Eichenkötter ein. Eichenkötter sieht ziemlich verknittert aus und Hein bekommt keinen vernünftigen Ton heraus.

»Jetzt möchte ich mal wissen, wie ihr es nachhause geschafft habt«, zetert Berta.

»Auf verschlungenen Pfaden durch den Wald«, knurrt Eichenkötter.

»Sowas ist voll daneben. Zur Einweihungsparty kommt das nicht in Frage, sturzbetrunken durch den Tann zu fahren. Bringt euch ein Zelt oder eine Hängematte mit.«

Eichenkötter und Hein nicken kaum merklich und schlurfen mit heruntergeklappten Ohren zu Erwin, der gerade die Holzleiter an den Dachstuhl stellt. Er feixt, als er die beiden ankommen sieht.

»Einer von euch beiden muss noch auf die Leiter, Dachlatten annageln. Wollt ihr würfeln?«

»Nee, ich gehe freiwillig«, krächzt Hein.

»Dann nimm dir dort aus dem Karton 100er Nägel, steck sie dir in die Tasche und schnapp dir auch den Hammer. Eichenkötter, du reichst uns die Dachlatten hoch.«

Zum Mittag kommen Käse- und Schinkenbrote auf den Gartentisch, Gläser und Flaschen mit Mineralwasser. Die Männer haben eine Dachhälfte eingelattet und setzen sich zu den Frauen an den Tisch.

»Was'n hier los, Wasser?«, knurrt Hein.

»Bevor die andere Hälfte nicht eingelattet ist, gibt es

kein Bier«, sagt Berta resolut.

Fix ist Hein nach dem Essen wieder auf der Leiter. Die Männer arbeiten zügig und zur Kaffeezeit sind sie fertig. Hedwig hat in der Küche auf die Schnelle einen Kuchen gebacken und neben der Kaffeekanne stehen auch einige Flaschen Bier.

»Habe ich euch ja zum Feierabend versprochen.« Berta ist wieder guter Laune. Pia legt noch einen halben Käse auf ein Brett neben dem Kuchen.

»Meine Vorräte gehen arg zur Neige«, sagt Pia. »Ich muss mich wieder mal um neuen Käse kümmern, am nächsten Wochenende falle ich aus.« Erwin nickt mit vollem Mund.

Als Erwin wieder allein ist, macht er sich am Tisch Notizen, was alles noch bis zur Einweihung zu erledigen ist. Erwin ist mit sich und seinem Vorhaben zufrieden und guter Laune. Er geht in die Küche, holt sich einen Becher Rotwein und einen Zigarillo, setzt sich wieder an den Tisch und beobachtet die Katze, die vor dem Hühnerrevier liegt. Etliches hat sich in kurzer Zeit verändert; die Hilfe seiner Freunde tut ihm gut und durch die stetigen Arbeiten fühlt er sich auch wieder vitaler. Er nimmt einen Schluck Rotwein und zuckt zusammen. Die Katze miaut laut und ein Huhn gackert aufgeregt, Giuseppe treibt es durch das Hühnerrevier. Erwin pfeift auf zwei Fingern, der Hahn lässt vom Huhn ab. »Hier wird niemand gemobbt, merk dir das«, ruft Erwin. Die Katze macht mit gesträubtem Fell einen Buckel.

Die Sonne scheint schon kräftig, als die Männer mit der Dacheindeckung beginnen. Erwin steht auf der Leiter und verlegt die Ziegel auf die Dachlatten, die ihm Eichenkötter zureicht. Der hat sich einen Hut mit breiter Krempe gegen die Sonne aufgesetzt und sieht aus wie Hannes Balla in dem Film *Spur der Steine*. Die Deckung nähert sich dem First und Erwin legt sich auf den Dachlatten einen Vorrat aus kleinen Stapeln Dachziegeln an, die er dann ordentlich verlegt. Zur Mittagsstunde ist die eine Hälfte des Daches fast fertig. Eichenkötter und Erwin sitzen am Gartentisch und machen Pause, die Frauen haben einen Sonnenschirm aufgestellt, der wenigstens den halben Tisch beschattet. Suse hat Kartoffelsalat zubereitet und Bockwürste heiß gemacht und Berta hat im Garten Unkraut gezupft. Die Elfe ist mit der Kunkel auf Kräutersuche und Pia macht Käse. Nach einem Bier steigen die Männer wieder auf die Leiter und decken das letzte Stück der einen Dachhälfte ein, sie sind verschwitzt und setzen sich wieder für eine Bierlänge an den Gartentisch. Der fette Pickup fährt auf den Hof und bringt mit Hein Verstärkung.

»Da schau her«, krächzt Hein, »die Herren sitzen schon wieder beim Bier.«

»Schau lieber mal auf die Baustelle und pass auf, was du sagst, Pappnase.« Eichenkötter wischt sich die verschwitzte Stirn mit einem Leinentaschentuch.

»Oha, da nehme ich alles zurück.« Heins Stimme versagt fast gänzlich. »Das sieht ja mal gut aus. Bekomme ich auch ein Bier?«

»Nee, du steigst mit mir auf das Dach, die Arbeit ruft und wir wollen heute noch fertig werden.«

Hein fügt sich und steigt die Leiter hinauf.

Der Abend bringt Abkühlung, das Dach ist fertig gedeckt, die Männer sitzen mit roten Gesichtern am Gartentisch, essen Stullen und trinken schweigend ihr Bier. Erwin zieht ab und zu an seinem Stumpen, Hein krächzt ohne ein Wort zu sagen und Eichenkötter meint, er hat so ein Flimmern vor den Augen.

»Dann gibt es heute keinen Knoblauchschnaps, es ist eh viel zu warm. Und morgen ist Erholung angesagt, ihr seid zum Mittagessen eingeladen, Suse hat hat beim Fischer Busemann ein großes Stück Wels erstanden, da will sie mit Hedwig zusammen ein Rezept zusammenbasteln. Schaut, sieht das Dach nicht toll aus?« Erwins rechter Arm beschreibt mit dem Zigarillostumpen in der Hand einen weiten Halbkreis Richtung Backhaus und lockt Glühwürmchen an. Eichenkötter trinkt sein Bier aus und dann fahren er und Hein, der Berta mit ins Dorf nimmt, vom Hof. Der Mond schaut durch das Schlafkammerfenster und staunt nicht schlecht, so viel Bewegung im Bett zu sehen.

»Ach, mein Mabüschen«, flüstert Erwin.

»So, und morgen schläfst du dich mal aus.«

Suse liegt noch eine Weile wach und zwinkert dem Mond verschwörerisch zu.

Wels in Amok

Wels im Stück ca. 1 - 1,5 kg
7 Frühlingszwiebeln/Schalotten
5 cm Ingwer
1 Chilischote
150 ml Sojasauce
Olivenöl
5 Zehen Knoblauch
1 Zitrone ausgepresst
Amok-Gewürzmischung
Kokosmilch 420ml-Dose

Wels in ca. 5cm dicke Scheiben schneiden und 2 bis 3 Stunden mit Salz, Zitronensaft, Olivenöl und 5 TL Amok-Gewürzmischung beizen.

Schalotten in Ringe schneiden, mit Ingwer, Chili und Knoblauch andünsten, dann Sojasauce, Zitronensaft, Kokosmilch und 2 TL Amok dazumischen.
Öl in eine Auflaufform geben und die Welsstücke hinein legen, Zwiebeln herum verteilen und die Sauce darüber gießen.
Ca. 60 Minuten bei 200 - 180 °C im Backofen garen, ab und an Sauce darüber löffeln.

Reis ansetzen, die Stiele vom Mangold abschneiden, klein stückeln und mit kleingeschnittenen Zwiebeln andünsten. Die in Streifen geschnittenen Mangoldblätter zu den Stielen hinzufügen und kurz schwenken.

Amok-Gewürzmischung

5 Tl Zitronengras
1 TL Galangat
2 TLKurkuma,
7 Blätter der Kaffirlimette,
1 TL Paprika
1 TL Anis
9 Curryblätter

Zitronengras, Anis und die Blätter in einer trockenen Pfanne erhitzen bis es duftet, feinmahlen und mit den restlichen Gewürzen vermischen.

Beim Welsessen beschließt die Runde, dass in zwei Wochen die Einweihungsparty steigen soll. Erwin fährt in der Woche zu einer Lehmbaufirma und kauft drei Säcke Lehmputz. Er werkelt zwei Tage daran, eine Lehmhaube auf den Backofen zu bringen und verschmiert noch die Rahmen der Ofentüren mit Lehm, damit sie nicht so viel Nebenzug haben. Hinter dem Hühnerstall findet er noch einen Rest unbesäumter Lärchenbretter und ihm kommt eine Idee. Nachdem er gezählt und ausgemessen hat, ist er zufrieden; er wird an den Dachüberstand neben dem Backofen eine Windschutzwand anbringen, um dort Brennholz zu lagern.

Mit dem Bau der Windschutzwand beginnt Erwin am Sonnabend früh und ist damit bereits am Nachmittag fertig. Nur Berta ist heute bei ihm und beide trinken zusammen ein Bier auf den Erfolg. Dann trägt er Brennholz in das neue Holzfach und am Abend sitzen Berta und er am Gartentisch und spielen bei einem Becher Rotwein Offiziersskat.

»Erwin, du schummelst.« Berta schaut ihn böse an.

»Ich schummele doch nicht!«

»Doch, du lugst beim Geben immer unter die Karten.«

»Vielleicht kannst du nur nicht gut verlieren, Berta.«

»Quatsch, aber jetzt habe ich keine Lust mehr. Steck dir noch einen Zigarillo an, ich hole neuen Wein.«

Die Abenddämmerung scheint rötlich durch die Fichten und im Osten geht der Mond auf. Erwin drückt den Zigarillostumpen aus und geht den Hühnerstall zumachen. Als er ins Haus kommt, steigt Berta gerade die Treppe zur Schlafkammer hoch. Ihr dünnes Sommerkleid flattert um ihre nackten Waden.

Der Mond scheint fahl durch das Fenster, Erwin ist nach einem zärtlichen Gefecht in Bertas Arm eingeschlafen und schnauft leise. Berta zwinkert dem Mond zu. »Von wegen ich gehe mit Ringelsocken ins Bett«, flüstert sie.

Am Sonntagfrüh, Berta und Erwin sitzen noch beim Frühstück, kommen Suse und Pia mit dem Fahrrad und die Elfe fliegt hinterdrein.

»So früh, Mädels? Hier kommt man ja gar nicht mehr zur Ruhe.«

»Nee«, antwortet Suse. »War die Nacht so anstrengend für euch? Wir planen heute das Fest und Hedwig kocht uns was Feines.«

»Anstrengend?« Berta lässt ihren Goldzahn blitzen.

»Uns geht doch hier alles locker von der Hand, Suse. Locker und sogar ohne Ringelsocken.«

Suse rollt mit den Augen und ihre Nase scheint noch spitzer und länger zu werden. Sie beschaut sich das Holzabteil. »Stimmt, auch die Arbeit ist euch locker von der Hand gegangen, dann kann es jetzt wirklich losgehen. Auf zum letzten Gefecht.« Suse reckt ihre rechte Faust in die Höhe und verschwindet im Haus, Pia schüttelt ihre roten Locken, Erwin lächelt und bleibt demonstrativ am Tisch sitzen.

Während Hedwig in der Küche mit Kochen beschäftigt ist, besprechen die Frauen und Erwin, was es zur Einweihung zum Essen geben soll und was sie noch alles organisieren müssen. Erwin ruft bei Schabalski an und fragt ihn, ob er einen Lammrücken bekommen kann. Sie werden sich beide einig, dass er ein Schaf schlachtet und Erwin es am Freitagfrüh abholen kann. Bei Eichenkötter hat Erwin keinen Erfolg, der hat kein Wildfleisch vorrätig. »Ruf doch mal den Josef Schleich an, der ist Jäger, du kennst ihn doch auch vom Skat spielen in der Kneipe.«

»Na klar kenne ich den, der hat mir im letzten Jahr Nutrias gebracht. Das war ein feines Essen.«

Josef Schleich kann liefern, Wildsau und Rotwild. Und er nimmt Erwins Einladung zur Feier freudig an. Berta notiert die Speisekarte:
- Wildpfanne
- Lammrücken
- Elfensauce
- Meeresfrüchtebällchen
- Möhren, Linsen und Hirse
- Kranzbrot, Käse und Schinken
- Zwiebelkuchen

»Da können wir aber schindern. Wenn wir am Freitag die Tafel aufbauen und den Hof herrichten, muss Erwin nebenher Wild und Lamm zubereiten. Und am Sonnabend stehen wir auch schon um acht Uhr früh in der Küche. Wann sollen die Gäste denn kommen?« Berta kritzelt weiter auf dem Notizblock.

»Ich denke um 12 Uhr mittags kann die Sause steigen. Das schaffen wir.« Erwin nestelt in seiner Hemdtasche, findet dort aber keinen Zigarillo.

»Das schaffen wir? Der Spruch kommt mir bekannt vor.« Suse reckt ihre Nase in die Höhe. »Seid ihr dabei?«

»Na hör mal«, klingt es fast unisono, »volle Kanne.« Erwin steht auf und holt sich einen Zigarillo, bringt gleich Rotwein und Becher mit.

»Ich habe hier notiert, was noch zu tun ist.« Berta stubst mit dem Kugelschreiber die einzelnen Posten an. »Festtafel bauen, Stehtische besorgen, Sonnensegel kaufen, Stühle von Eichenkötter holen.«

Bis zum Mittag sind alle Einzelheiten besprochen und Hedwig kommt mit dem Geschirr aus der Küche.

»Macht mal Platz hier, jetzt gibt es erst einmal etwas zu essen.«

»Was denn?« fragt Erwin, er ist hungrig.

»Ein orientalisch gefülltes Hähnchen mit Couscous.«

Hedwig hat mit diesem Gericht wieder ihre Experimentierfreudigkeit ausgelebt und von Hahn und Couscous bleibt nichts übrig. Bereits am frühen Nachmittag ziehen die Frauen alle von dannen und Erwin macht es sich in einem alten Liegestuhl, den er im Schuppen gefunden hat, gemütlich. Ein Hauch von Zigarillorauch und Knoblauch breitet sich im Hof aus. Erwin macht ein Nickerchen, bis ihn Giuseppe am Abend mit seinem Krähen weckt.

Hähnchen orientalisch mit Couscous

1 Hähnchen
1 TL Honig
Olivenöl
Gewürzmischung Waldschrat orientale
1 Granatapfel
1 Flasche Chardonnay

Für die Füllung:
2 kleine Zwiebeln
getrocknete Aprikosen
1 Orange
2 EL Rosinen
3 Knoblauchzehen
Aleppopfeffer (geschrotet)
1 TL Paradieskörner (Malaguettapfeffer)
Rosenblütenblätter
Jasminblüten

Couscous je nach Personenzahl

Das Hähnchen innen und außen mit Meersalz ein-
reiben, den Honig leicht erwärmen und mit Olivenöl
vermischen und damit das Hähnchen einpinseln.
Dann mit der Gewürzmischung Waldschrat orientale
bestreuen. Für die Füllung die Zwiebeln und den
Knoblauch klein hacken, die Orangensegmente
halbieren, alle Zutaten in einer Schüssel vermengen,
das Hähnchen füllen und mit einer Rouladennadel

verschließen. In einer Kasserolle das Hähnchen mit Olivenöl leicht anbraten, mit Chardonnay ablöschen und in der Backröhre ohne Deckel garen. Damit das Hähnchen nicht zu trocken wird, ab und an mit dem Bratensud übergießen. Eine halbe Stunde vor dem Garpunkt Bratensud in einen Topf abschöpfen, eventuell Chardonnay nachgießen und den Bratensud mit Granatapfelkernen und Curcuma verfeinern. Couscous kurz aufkochen und quellen lassen.

Gewürzmischung Waldschrat orientale

1 TL Aleppo-Peffer
1 TL Paradieskörner
1 TL Nelken ganz
3 - 5cm Zimtstange
1 TL Kardamom / 9 Kapseln
1 TL Macis
5 St. Piment
1 TL Korianderkörner
1/2 TL Chili
1 TL Anis
3 TL Rosenblätter
1 TL Jasminblüten
1 TL Lavendelblüten
1 TL Galgant
1 TL Rosenpaprika
1 TL Curcuma
1 TL Kreuzkümmel
Zubereitung wie bereits beschrieben.

In den Wochentagen hat Erwin allerhand zu tun. Er fährt in die Dorfkneipe und leiht sich zwei zusammenklappbare Stehtische aus. Auf die Schnelle spielt er mit Krötenbach und Schleich am frühen Abend eine gute Stunde Skat, ehe er mit den Tischen auf dem Anhänger wieder in den Tann fährt. Tags darauf fährt er in die Stadt und kauft im Baumarkt ein Sonnensegel, 10er Dübel und Spiralhaken. Abends holt er von Eichenkötter Gartenstühle, nicht ohne bei einem gemeinsamen Bier den Tag ausklingen zu lassen. Am Donnerstag gräbt er zwei Löcher und versenkt darin Pfosten aus Robinie, die Hein auf die Schnelle vorbei gebracht hat. Unter der Dachtraufe dübelt er die Spiralhaken ein. Am Freitag wuselt es im Haus und auf dem Hof. Erwin fährt zu Schabalski und holt das frisch geschlachtete Schaf ab, zerlegt es, heizt die Kochhexe an und bereitet mit Hedwig zusammen die Wildpfanne und den Lammrücken vor. Berta und Suse zählen den Geschirrbestand und die Bestecke in Erwins Küche und müssen dann noch Nachschub aus ihren Häusern holen. Pia schrubbt eine alte Zinkwanne aus dem Stall sauber, in der soll zur Feier das Bier gekühlt werden. Wenn Erwin eine freie Hand hat, hilft er den Frauen das Sonnensegel zu spannen und eine Festtafel aufzustellen. Dazu schleppen sie 3 Meter lange Bohlen heran und legen sie über Holzböcke. Auf dem Tisch in der Küche stehen Geschirr, Bestecke und Gläser bereit, Hedwig bereitet ihre Elfensauce zu. Am Abend schiebt Erwin die Wildpfanne in den vorgeheizten Backofen zum Garen über Nacht.

Der Sonnabendmorgen beginnt mit einem Paukenschlag. Es gießt in Strömen, als Erwin zu den Hühnern geht. Er stapft mit einem Regenschirm über den Hof und knurrt vor sich hin, das Sonnensegel hängt durch, weil es in der Mitte voll Wasser ist. Erwin holt einen Besen und hebt von unten die Beule an, das Wasser schwappt in den Hof. Erwin knurrt noch lauter. Mittlerweile nieselt es nur noch und von Osten zieht es hell auf. Erwin grinst zufrieden und kratzt sich am Hinterkopf. Er kocht sich einen Kaffee und hört ein Auto auf den Hof fahren; Hein bringt die drei Frauen. Kaum sind die ausgestiegen, brettert er wieder von dannen.

»Erwin, komm raus aus deiner Klabuchte.« Suse dreht sich zu den anderen Frauen um. »Schläft der etwa noch?«

Erwin stellt sich mit seinem Pott in die Haustür. Suse schwenkt Girlanden in ihrer Hand. »Deko für die Party, Erwin. Die bammeln wir gleich mal auf.«

»Habt ihr schon gefrühstückt?«

»Na klar, hier haben wir dazu keine Zeit mehr.« Pia bringt einen kleinen Korb mit Käse in die Küche, die Elfe fliegt einen Looping und schwirrt in die Küche.

»Hast du heute Morgen etwa schon getrunken?«

»Ja, Kaffee. Ich habe einfach nur gute Laune. Der Regen ist vorbei, die Sonne kommt durch und ich brauche jetzt Hilfe in der Küche.« Berta verschwindet auch im Haus und Suse hat die Trittleiter aus dem Stall geholt und hängt Girlanden auf. Diese sind gemustert mit Rotweingläsern, eine mit Hühnern, eine mit

Katzen und eine mit Kegeln.

»Ich bin doch kein Keglerheim.« Erwin schmollt.

»Doch«, Suse grinst. »Berta und ich kegeln doch immer die Wochenenden aus.«

»Stimmt Mabüschen, aber heute bleibt ihr beide hier. Wir feiern open end.«

»Das haben wir auch vor, Erwin. Alles schon geklärt. Mach dir keine Gedanken.«

»Und wer von euch beiden schläft auf dem Sofa?«

»Keine von beiden.« Erwin schluckt. Als die Girlanden alle hängen, geht er zum Backhaus und zieht den Bräter mit dem Wildschwein aus dem Ofen; alles ist wunderbar gar geworden. Er heizt die Kochhexe an und den Backofen für den Nachmittag vor. In der Küche schälen die Frauen Zwiebeln und Knoblauch, schnippeln Möhren und Ingwer, setzen die Teige für Brote und Zwiebelkuchen an, schneiden Schinken und Käse und drapieren diese auf Holzbrettchen. Auf der Kochhexe köcheln Wildpfanne und Lammrücken, Hedwig schöpft Bratensud für die Sauce ab und schüttet Zwiebeln und Knoblauch in die Bräter. Pia und Hedwig kümmern sich in der Küche um Möhren und Linsen, Suse und Berta decken die Festtafel, die mit großen Tischdecken aus Leinen bedeckt ist. Sie legen kurze Holzbretter in die Mitte, dort sollen die Bräter stehen, zwischen die Teller legen sie Fichtenzweige und Papierservietten mit Hühnermuster. Gegen halb zwölf ist alles fertig vorbereitet. Hein kommt auf den Hof gefahren und bringt Josef Schleich und einige Kästen Bier mit.

Pünktlich um zwölf Uhr steigt Erwin auf einen Stuhl und reckt seinen Rotweinbecher in die Höhe. Kurz zuvor kam Isa Binsenweis mit ihrem Knotenstock und dem gelben Rucksack.

»Moin meine Freunde. Nach wochenlanger Schinderei und dank eurer Hilfe werden wir heute die Hexe und den Ofen hoch leben lassen. Und uns damit den Pansen füllen, was diese beiden Gesellen für uns zubereitet, also gegart haben.«

»Die Hexe ist eine Gesellin«, unterbricht ihn Hein.

»Verdirb mir nicht die Laune, Hein. Also, wenn auch noch nicht alle hier sind, stoßen wir auf unseren Erfolg jetzt an, sonst verdunstet mein Rotwein noch. Prost Leute, wir sind 'ne prima Meute.«

»Jetzt fängt er noch an zu dichten«, flüstert Suse.

Erwin steigt vom Stuhl und ein bunter Klang von Bechern und Bierflaschen ertönt, gefolgt von Schluckgeräuschen. Berta kommt mit einem großen Karton aus dem Haus.

»Pack aus, Erwin, das ist das Einweihungsgeschenk von uns Frauen.«

Erwin packt aus, zum Vorschein kommt ein gusseiserner Feuertopf von beachtlicher Größe.

»Danke ihr Holden, dem wird die Hexe aber gefallen.«

»Den kannst du auch direkt ins Lagerfeuer stellen.«

»Ich habe doch aber gar keine Feuerstelle.«

»Eine Feuerstelle bauen wir auch noch«, sagt Pia und schüttelt ihre roten Locken. Erwin nickt. Josef Schleich kommt mit einem unförmigen Paket aus braunem Packpapier, an einer Stelle ist es eingerissen und etwas Spitzes schaut daraus hervor. Der Jäger grinst und hält Erwin das Paket hin.

»Das ist Kunst am Bau.«

»Was? Na ich schaue mal rein.« Erwin fährt mit zwei Fingern in den Riss und reißt das Papier ganz auf. Er fördert einen präparierten Hasenkopf zutage, der auf einer Holzplatte befestigt ist. Der Hasenkopf hat ein kleines Geweih wie ein junger Rehbock.

»Ein Wolpertinger«, freut sich Erwin. »Der kommt an den Giebel vom Backhaus.«

Hein schenkt Erwin eine Axt und die Kunkel drückt ihm einen Knotenstock in die Hand. Der obere Teil ist mit geflochtenen Binsen umwickelt und an einer Kordel hängt ein Stoffbeutelchen.

»Oh, danke. Aber noch muss ich nicht am Stock gehen. Ich hoffe, das ist noch lange hin.«

»Musst du ja noch nicht, kannst aber damit die Wölfe abwehren«, sagt die Kunkel verschmitzt. »Mit den Kräutern im Stoffbeutel kochst du dir einen Tee, wenn du mal nicht so gut drauf bist. Der hilft dann.«

Aus der Ferne hört man Motorgebrumm näher kommen, begleitet von klapperndem Blech. Busemann fährt mit einem Pickup, der noch rostiger ist als der Bulli von Eichenkötter, auf den Hof.

»Alter, ist das eine Rostlaube«, entfährt es Pia.

»Das macht die feuchte Luft am Fluss und am See.«

»Aha, so salzig ist unser See aber gar nicht.«

Der Fischer überreicht Erwin ein duftendes Paket.

»Geräucherte Aale für heute Abend.«

Die Frauen tafeln auf, Wild und Lamm, Linsen, Möhren und Hirse, dazu scharfe Elfensauce, kühles Bier aus der Zinkwanne und Rotwein, der in der Sonne ziemlich warm geworden ist.

»Puh«, Suse rollt mit den Augen. »Davon sollten wir nicht so viel trinken, wir müssen schließlich noch backen heute Nachmittag.«

Es ist mittlerweile fast 14 Uhr. Nach dem opulenten Mahl steigt der Geräuschpegel. Hein krächzt lauthals, Josef Schleich erzählt anstößige Witze und lacht selbst am lautesten, Suse stößt hörbar nach jedem Witz die Luft aus der Nase, Pia lacht schrill und ungeniert, Busemann rülpst und hinter dem Zaun kräht der Hahn. Erwin schaut ab und an nach dem Backofen, um die Temperatur für Brote und Zwiebelkuchen zu halten. Hedwig und Berta pendeln zwischen Küche und Festtafel und klappern mit Geschirr.

»Wo bleiben denn Eichenkötter und Schabalski?«

»Weiß der Geier«, grölt Josef Schleich, »ich könnte ja mal in die Luft schießen. Vielleicht hören sie das.«

»Untersteh dich«, flüstert die Kunkel, »das ertrage ich nicht. Du fuchtelst hier nicht mit dem Gewehr herum.«

In der Ferne hört man einen Trecker tuckern, das Geräusch kommt verdächtig näher.

»Was ist denn nun los. Will jemand die Wiese mähen und uns die Stimmung versauen?« Erwin ist knurrig.

»Ach du heiliger Bimbam.« Suse klatscht laut in die Hände und zeigt zum Waldweg. Im Trecker sitzt Eichenkötter und zieht einen Zirkuswagen hinter sich her, der rot und gelb und lila angemalt ist.

»Gesine! Gesine Überschlag«, tönt es unisono von Suse, Berta und Erwin.

»Hä? Wer kommt da?« Der Fischer ist ahnungslos.

»Erwins verflossenes Sommermärchen«, krächzt Hein. »Das ist schon sieben oder acht Jahre her.«

»Sieben.« Erwin geht zum Hoftor, Eichenkötter fährt einen Bogen und bleibt mit dem Zirkuswagen am Zaun stehen. Die Tür öffnet sich, Gesine steigt die Treppe hinunter und hüpft von der letzten Stufe. Sie ist immer noch schlank und drahtig wie zu ihrer Zeit als Zirkusartistin. Gesine trägt eine lilafarbene Latzhose über einem roten Shirt, in ihren blonden Haaren leuchten einige lila Strähnen. Sie läuft auf Erwin zu, der sie in die Arme nimmt und hochhebt.

»Da schau her, unsere Trapezmaus, wo hast du dich denn rumgetrieben?«

Gesine küsst Erwin auf die Stirn. »Überall, hauptsächlich in Belgien und Holland.«

Suse und Berta kommen auch angelaufen und umarmen Gesine.

»Komm, Trapezmaus«, sagt Suse und zieht Gesine am Arm auf den Hof, »noch ein Grund zum Feiern.«

Gesine begrüßt alle aus der Runde, die Elfe kommt aus der Küche geschwirrt und Hein schaut Gesine verklärt an, das Krächzen bleibt ihm im Halse stecken.

»Sag mal, wo hast du sie denn aufgegriffen?« Erwin zündet sich vor Aufregung einen Zigarillo an und spült mit einem Becher Rotwein nach.

»Ich habe sie auf dem Wochenmarkt in der Stadt

getroffen, vorgestern, und von deiner Feier erzählt.«

»Wie? War sie da mit ihrem Zirkuswagen?«

»Nee, mit einem lila angestrichenen Klappfahrrad. Der Wagen stand am Stadtrand. Deswegen sind wir heute auch ein wenig später hier.«

»Prima, dass du sie hierhergezuppelt hast. Weißt du, was sie vorhat?«

»Nee, frag sie selbst.« Eichenkötter macht sich erst mal ein Bier auf. Erwin drückt Gesine einen Becher mit Rotwein in die Hand.

»Willkommen wieder im Tann, Trapezmaus.«

»Danke Leute. Nun lasse ich Ruhe einkehren in mein Zigeunerleben. Hoch die Tassen!«

Alle prosten ihr zu, Suse flüstert Berta ins Ohr.

»Die will sich doch wohl nicht hier niederlassen?«

Berta zuckt mit den Schultern. »Abwarten.«

Gesine flitzt in ihren Zirkuswagen und kommt mit einer Flasche Rotwein zurück.

»Für dich, Erwin.«

Erwin schaut sich die Rotweinflasche an.

»Die habe ich dir doch damals zum Abschied geschenkt. Das ist sie doch, oder?«

»Ja, das ist die Flasche, ich habe sie als Andenken aufgehoben. Heute können wir sie köpfen.«

Erwin zieht den Korken mit einem lauten Plopp.

»Jeder bekommt einen kleinen Schluck von diesem wundervollen Jahrgang.« Suses Nase fährt in die Höhe.

»Warst du mit einem Zirkus unterwegs?«

»Nee, die Zeiten sind vorbei. Ich habe alles Mögliche gemacht, allerlei Tätigkeiten. Aushilfe in

Imbissbuden oder Kneipen oder auf Märkten.«

Die Unterhaltung an der Festtafel nimmt Fahrt auf, Hedwig schiebt den Zwiebelkuchen in den Backofen, Eichenkötter schleppt einen Weidenkorb heran, im Korb sind sechs Flaschen Rotwein.

»Wenn der Wein alle ist, kannst du den Korb neben den Backofen stellen und Anmachholz hinein tun, aber erst mal bleibt er hier neben dem Tisch stehen.«

Der Zwiebelkuchen kommt auf den Tisch, die Brote in den Backofen, der Geräuschpegel steigt und auch der Getränkeverbrauch. Es ist fast fünf Uhr und niemand denkt mehr an Schabalski. Vom Feldweg her hört man Getrappel. Erwin geht zum Tor, bleibt stehen und reibt sich die Augen.

»Leute«, ruft er, »wie dune bin ich denn schon? Der kommt mit einer Karrete und hat seine Schafe davorgespannt – ich fasse es nicht.«

Schabalski kommt mit einer zweispännigen Kutsche vorgefahren, die sehr nach Eigenbau aussieht. Die Schafe entpuppen sich als Shetlandponys. Raimund steigt grinsend vom Kutschbock, seine große Pranke zeigt verwundert in Richtung Zirkuswagen, dann trottet er zu Erwin und umarmt ihn. Der muss sich mächtig gegen Schabalskis Gewicht stemmen.

»Entschuldige, meine Schafe waren ausgebüxt und die mussten wir erst wieder einfangen. Und dann musste ich mit dem Nachbarn, der mir geholfen hat, ein Bier trinken.«

»Nach nur einem Bier riechst du aber nicht.«

100

»Nee, hast recht. Warte.« Er geht zurück zur Kutsche, kommt mit einem gegerbten Lammfell wieder und drückt es Erwin in die Hand.

»Wenn es kalt wird und du neben deinem Backofen Feuerwache hältst, dann leg es dir unter den Hintern.«

»Danke. Setz dich erst mal und greif zu. Was machen wir mit den Ponys? Geile Kutsche.«

»Die binde ich an den Gartenzaun draußen, da können sie grasen. Ja, habe ich selbst gebaut. Schau, die Räder sind von einem alten Moped SR2.«

Bevor er die Ponys anbindet, begrüßt er alle am Tisch und verschwindet dann mit einer Flasche Bier in der Hand in der Küche, wo Hedwig das Abendessen vorbereitet. Erwin geht inzwischen in den Stall, holt den alten Liegestuhl und klappt ihn auf.

»Mein alter Liegestuhl«, ruft Gesine, springt auf und lässt sich hineinfallen. Hein mimt den Charmeur. Er kommt mit einem Brett, auf dem ein Bräter stand, hat darauf zwei Becher mit Rotwein gestellt und reicht einen der Becher Gesine.

»Stell den Becher wieder auf das Brett, Hein, und leg mir das Brett auf meine Fußsohlen.« Sie streift ihre Sandaletten ab und reckt die Beine in die Höhe. Hein stellt das Brett auf ihre Fußsohlen und das Brett mit den Rotweinbechern beginnt sich zu drehen, erst langsam, dann immer schneller. In Heins Kopf dreht es sich ebenfalls. Das Brett kommt zum Stillstand.

»Nun können wir anstoßen.« Hein nimmt das Brett und geht neben dem Liegestuhl in die Hocke, beide stoßen an. »Sieh zu, dass du aus der Hocke wieder hoch kommst.« Gesine kichert. Hein bemüht sich.

Zum Abend ist der Tisch reichlich mit Broten, Käse, Schinken und Räucheraal gedeckt. Hedwig bringt eine Schüssel mit Bällchen aus Meeresfrüchten in Kreuzkümmelsauce. Der Duft steigt Suse in die Nase und sie muss niesen. Die Kunkel streut sich einige Kräuter aus ihrem Rucksack in die Sauce, Busemann tunkt sie mit Brot auf und Hein schmatzt genüsslich. Als er aufgegessen hat, fragt er quer über den Tisch:

»Sag mal, Gesine, was kannst du noch für artistische Kunststücke?« Hein nimmt einen großen Schluck Rotwein, steht auf und sagt pathetisch:

»Verehrtes Publikum. Ich darf die weltberühmte Artistin Gesine Überschlag mit einer Nummer auf der Festtafel ankündigen.«

Pia lacht schrill auf. »Du willst mit ihr eine Nummer auf dem Tisch schieben, Hein?«

»Quatsch. Ich meine eine artistische Einlage.«

Gesine stemmt sich an der Stirnseite auf den Tisch und geht in den Handstand, dann geht sie auf den Händen zwischen Geschirr und Bechern einmal längs über die Tafel.

»Erwin, hol bitte den Knoblauchschnaps und ein Glas.«

Während Erwin in die Küche geht, läuft sie auf dem Tisch zurück. Erwin kommt mit dem Schnaps, Gesine zieht die Beine an.

»Gieß bitte ein Glas voll und stell es auf einen Fuß.« Gesine balanciert das volle Glas zu Schabalski, der neben ihr sitzt. »Trink aus, Raimund und gieß nach, jeder soll einen Schnaps bekommen.«

So dreht Gesine eine Runde auf den Händen, bis sie wieder bei Erwin angekommen ist, der den letzten Schnaps bekommt. Dann steigt sie vom Tisch und fragt Hein:

»Na Hein, war das nicht eine heiße Nummer?«

Hein nickt und schaut Gesine verknallt an. Berta und Suse räumen den Tisch ab. »Man weiß ja nie«, sagt Suse spitz.

Hein krächzt trunken: »Sag mal Kunkel, bist du auch so ein Neutrum wie Hedwig?«

»Nee. Wie kommst du denn da drauf? Kunkel gibt es mit zwei Geschlechtern, ich bin die Kunkel.«

»Kunkel:in!«

»Quatsche nicht so 'n dummes Zeug!«

»Hast du denn auch einen Mann? Einen Kunkel:er?«

»Na klar, aber wir führen eine Fernbeziehung, er wohnt hinter dem Poltergraben. Übrigens ist er ein Kunkel und kein Kunkel:er.«

»Dann seid ihr also zwei Kunkels.«

»Mann, du nervst. Gendere hier nicht rum. Es heißt der Kunkel, die Kunkel und in der Mehrzahl auch die Kunkel – ganz simpel.«

»Okay, wieder was gelernt.«

Es dämmert, Gesine schaltet im Zirkuswagen die bunte Lichterkette um die Eingangstür an.

»Hoi«, lallt Hein, »die Lichter müssen doch rot sein.«

»Das ist doch kein fahrbarer Feldpuff, Hein.«

Somit hat er den ersten Dämpfer weg. Pia steht mit

Erwin am Backhaus und fragt ihn:

»Hast du damals wirklich mit der Trapezmaus getechtelmechtelt? Vor sieben Jahren?« Erwin nickt.

»Was haben denn Suse und Berta dazu gesagt?«

Erwin zuckt mit den Schultern. »Ging so.«

»Aber sie haben sie verjagt.«

»Nee, sie ist nach einigen Wochen von alleine weiter gezogen, in aller Freundschaft. Auch mit Berta und Suse. Es war halt nur ein Sommermärchen.«

Pia schüttelt ihr Haar und schmiedet einen Plan.

Als es bereits stockdunkel ist, gehen plötzlich alle Lampen aus, nur die Windlichter auf dem Tisch flackern. Erwin geht fluchend ins Haus und holt eine Taschenlampe. Er schaut in den Sicherungskasten, alles ist in Ordnung. »Stromsperre«, murmelt er. Dann stapft er zurück auf den Hof. Die Lampen gehen wieder an.

»Wenn der Strom mal total ausfällt«, ereifert sich Schabalski, »wenn es die Kriegstreiber so richtig krachen lassen, dann sind die mit ihren Smarthäusern, E-Autos, mit ihrer Handyabhängigkeit und künstlichen Intelligenz mächtig angeschissen. Wenn es dicke kommt, dann ist der Himmel dunkel, da hilft kein Solarpaneel, Versorgungsketten brechen zusammen. Die smarten Leute, diese Handyglotzer, wissen nicht, was sie machen sollen, denn sie können ja nicht bei Google nachschauen. Dann tobt in den Städten der Mob. Was machen wir dann?«

»Wir werden Prebsta«, lallt Hein.

»Das heißt Prepper.« Busemann hebt den Zeige-
finger und nimmt einen Schluck aus der Bierflasche.

»Jawoll, wir müssen Lebensmittel bunkern.«

»Ich habe dann immer noch Schinken und Rotwein
und Eier. Falls die Pitten dann noch welche legen.«

»Ich habe Käse.«

»Ich Gelee und Honig.«

»Ich Ingwerlikör.«

»Ich zwei 20-Liter-Kanister mit Benzin.«

»Ja, für deine dicke Karre. Wo willst du damit hin?«

»Na zu euch, wir müssen dann zusammenhalten.«

»Dann muss ich die Schafe schlachten.«

»Ha, du kannst sie nur nicht einfrieren.«

»Die werden gönnerhaft verteilt oder eingetauscht.«

»Ich tausche gegen Räucherfisch.«

»Also könnten wir noch eine Weile durchhalten.«

»Ich muss wohl noch Kerzen bunkern.«

»Konserven und Mehl auch.«

Die Vorschläge reißen nicht ab, bis Schabalski nach
einigen Minuten auf die Tischbohlen haut.«

»Jetzt reicht es! So weit kommt es ja nicht. Ich habe
zum Abschluss der Feier noch eine Überraschung.«

»Was? Schon Schluss?« Hein verzieht sein Gesicht.

»Dein Pegel ist doch schon über dem Limit.«

Raimund geht zu seiner Kutsche und kommt mit
einem langen Karton zurück. Er stellt leere Rotwein-
flaschen in einer Reihe mitten im Hof auf und steckt
Silvester-Raketen hinein.

»Geht in Deckung. Jetzt wird es bunt.«

Er jagt nacheinander neun bunte Feuerbälle in den

Himmel, die Frauen klatschen in die Hände, die Ponys scharren mit den Hufen, die Hühner im Stall gackern verklärt und die Katze schreckt hoch und flitzt durch die offene Tür in die Küche. Dann stoßen alle noch auf das gelungene Fest an. Schabalski schnallt sich eine Stirnlampe um, spannt die Ponys vor die Kutsche und knipst ein rotes Rücklicht mit Akku an. Er schwingt sich auf den Kutschbock und schnalzt mit der Zunge, die Ponys zuckeln los.

»Schlaft gut, Freunde.« Er wedelt mit einer rot blinkenden Polizeikelle. Das rote Rücklicht verschwindet in der Ferne und mit ihm sein dröhnendes Lachen.

Eichenkötter spannt eine Hängematte zwischen Fichte und Hühnerstall, die anderen Männer bauen ihre Zelte auf. Pia fährt mit dem Fahrrad nachhause und Hedwig und die Kunkel machen sich zu Fuß auf den Weg. Das Licht im Haus geht aus und Hein klopft an die Tür vom Zirkuswagen.

»Die Tür bleibt zu, Hein. Krieche in dein Zelt oder lege dich in den Liegestuhl, dort kannst du von mir träumen.« Gesine schließt demonstrativ ab.

Meeresfrüchte-Bällchen in Kreuzkümmelsauce

500g Scampi oder King Prawns, Meeresfrüchte
1 TL Asa Foetida (Teufelsdreck)
1 TL gemahlener Pfeffer
1 ½ TL gemahlener Kreuzkümmel
2 Eigelb
4 EL Fischsauce
5 Zehen feingehackter Knoblauch
Semmelbrösel und Mehl

Die Meeresfrüchte und Scampi klein hacken und mit allen Zutaten vermischen. Daraus kleine Bällchen formen und eine Sauce zubereiten.

1 Tasse Weißweinessig
1 Tasse Weißwein
2 EL Honig
3 El Fischsauce
1 ½ TL gemahlener Kreuzkümmel
1 Lorbeerblatt
gehackte frische Minze
gehackte frische Petersilie
gehacktes frisches Liebstöckel
½ TL gemahlener schwarzer Pfeffer

Alle Zutaten in einem Topf mit dickem Boden zum Kochen bringen, die Bällchen hinzu geben und etwa 10 Minuten leicht köcheln lassen.

Zwiebelkuchen

Teig:
750 g Mehl
1 Würfel Hefe
300 ml Milch
150 g Butter
100 g Zucker
2 Eier
1 TL Salz

Belag:
ca. 1,5 kg Zwiebeln
1 Pkg. Schinkenwürfel á 250g
1 Pkg. Reibekäse á 250g
2 Eier
1 Becher saure Sahne
Pfeffer, gemahlen
Kümmel
Muskat, gemahlen

Für den Teig das Mehl in eine Schüssel geben und in der Mitte eine Mulde formen, die Hefe in ein wenig lauwarmer Milch auflösen, in die Mulde gießen, mit Zucker und ein wenig Mehl bestreuen. Wenn die Hefe aufgegangen ist, aus allen Zutaten einen Teig kneten und mindestens eine Stunde gehen lassen.

Die Zwiebeln grob würfeln, erst die Schinkenwürfel separat leicht anbraten, dann die Zwiebeln. Saure

Sahne mit den Eiern, Pfeffer und Muskat verrühren.

Den Teig auf einem Backblech ausrollen und mit der Gabel einstechen, die Zwiebeln darauf verteilen und mit Pfeffer und Kümmel würzen. Darüber den Schinken verteilen und die verrührte Sahne mit Ei. Alles mit Reibekäse bestreuen und im Backofen bei 200°C ca. 45 Minuten backen.

In der Woche kehrt wieder Ruhe ein. Der Zirkuswagen von Gesine ist noch am Gartenzaun geparkt und sie ist nun die Neue in der kochenden und genießenden Abenteuerrunde. Erwin holt Feldsteine von Pia und legt eine Feuerstelle an. Gesine hilft ihm dabei und abends sitzen beide im Hof am Gartentisch bei einem Becher Wein. Ab und an kommt eine von den Frauen mit dem Fahrrad nach dem rechten schauen, denn schließlich haben sie das Sommermärchen noch nicht endgültig ad acta gelegt. Erwin lädt zur Einweihung des Feuertopfes ein. Da Hedwig wieder mit der Kunkel auf Wildkräutersuche ist, helfen ihm Suse und Gesine bei den Vorbereitungen. Am Abend vorher weihen sie zu dritt die Feuerstelle ein. Gesine schüttet als Taufe einen Knoblauchschnaps ins Feuer und unterhält Erwin und Suse mit Geschichten aus ihrer Fahrenden Zeit. Die Flammen färben ihre Gesichter rot und der Mond bescheint die traute Runde. Als Suse und Erwin ins Haus gehen, ist der Mond von Wolken verdeckt, aber die bunten Lichter an der Zirkus-wagentür blinkern lustig in den Tann.

Am frühen Sonntagmorgen läuft Gesine mit einem Kaffeepott in der Hand im Hof hin und her und grübelt. Sie stellt den Pott auf den Gartentisch und lässt die Hühner aus dem Stall, gibt ihnen Weizen und geht zurück. Als sie mit Erwin und Suse frühstückt, sagt sie aus einem Schluck Kaffee heraus:

»Ich habe mal nachgedacht, kann euch ja nicht ewig auf dem Pelz sitzen. In dieser Woche werde ich mich umschauen, ob ich hier irgendwo ein wenig Arbeit finde. Eventuell in einer Gaststätte oder auf dem Markt.«

»Ja, vielleicht findest du was auf dem Markt. Ich habe dort auch schon Gemüse verkauft. Frag mal am Stand von Paul Birnenklau.«

»Das werde ich machen. Sagt mal, ist das nicht zu warm heute für ein Feuer?«

»Wir machen erst am späten Nachmittag ein Feuer und essen am Abend. Das restliche Weibervolk kann dann auch erst kommen und Hein hat sich angesagt.«

Gesine schmunzelt. »Hein? Aha.«

Erwin macht ein Feuer mit Buchenholz und legt obenauf einige Grillbriketts, Suse und Gesine bereiten in der Küche alle Zutaten vor, dabei halten sie sich streng an Hedwigs Notizen. Am hinteren Rand der Feuerstelle hat Erwin über zwei ebene Feldsteine ein altes Ofenrost gelegt. Er schiebt die Glut unter das Rost, stellt den Feuertopf drauf und legt noch einige Scheite Buchenholz nach, die Grillbriketts hebt er mit einer Kohlenzange auf den Deckel vom Feuertopf. Ab und an lupft er den Deckel und schaut, ob auch noch genügend Flüssigkeit im Topf ist; einmal muss er Bier nachgießen. Pia und Berta kommen auf ihren Fahrrädern, setzen sich mit einem Becher Wein an den Tisch und beobachten Erwin, wie der mit einer langen Fleischgabel im Feuertopf stochert.

»Deckt schon mal den Tisch, Mädels, das Fleisch ist durch und mein Magen knurrt.«

Die Frauen verschwinden in der Küche und Hein kommt auf den Hof gefahren. Er hat Hedwig mitgebracht, die Gesine einen bunten Blumenstrauß für ihren Zirkuswagen schenkt.

»Bekommen wir auch mal wieder Blumen?« fragen Suse und Berta an Erwin gewandt.

»Wir haben doch hier im Garten genug Blumen. Gut, ich pflücke euch zum Wochenende immer einen kleinen Strauß und stelle ihn auf den Tisch.«

Der Feuertopf steht auf einem Untergestell auf dem Gartentisch, Erwin nimmt den Deckel ab und ein Duft nach herzhaftem Fleisch und heißem Bier steigt auf. Passend zum Essen hat Erwin eine Kiste Porter gekauft. Die Flaschen klirren beim anstoßen, nur Hedwig trinkt Rotwein. »Bier macht mich dröge und müde, ich möchte heute Abend nicht den ganzen Weg nachhause laufen, weil mir die Flügel versagen.«
Der Feuertopf ist leer, die Bäuche voll und die Runde vom Bier und Wein fröhlich und laut.

»Übrigens werde ich mich nach einer Saisonarbeit umsehen, vielleicht finde ich etwas in der Stadt.« Gesine hebt ihre Bierflasche. »Falls jemand mal in die Stadt fährt, ich würde gerne mitfahren.«

»Ich fahre dich in die Stadt, wann immer du willst.«

Heins Stimme klingt klar ohne jegliches Krächzen.

»Schau daher, Herr Charmeur.« Gesine strahlt über das ganze Gesicht und Hein rückt merklich näher an sie heran. Er stemmt sich samt Stuhl ein wenig hoch und rückt nach links, dabei klemmt er sich fast die

Hand an Gesines Stuhl ein.

»War der früher mal Baggerfahrer?« flüstert Suse.

»Gut möglich.« Berta prustet und hält sich die Hand vor den Mund. Pia rollt mit den Augen und schüttelt ihre roten Locken. Erwin kommt mit einem Zigarillo im Mundwinkel aus dem Haus und schenkt Knoblauchschnaps ein.

»Habe ich etwas verpasst?«

»Nee.« Suse grinst. »Es entwickelt sich, wart's ab.«

Die Frauen fahren nachhause, Hein lungert noch auf dem Hof herum, Hedwig plaudert mit Gesine.

»Ähm«, setzt Hein an Gesine gewandt an und geht auf die beiden zu. »Eigentlich habe ich ja was getrunken und da dachte ich ...«

»Die Tür bleibt zu, Hein«, unterbricht ihn Gesine.

»Na dann, Hedwig, fahre ich dich wieder nachhause, dann bist du mein Schutzengel.«

Die Rücklichter von Heins Pickup verschwimmen in der Ferne und Gesines Wagenbeleuchtung blinkert.

Schichtfleisch im Feuertopf

8 Nackenscheiben
150g Speck
5 Zwiebeln
1 Knolle Knoblauch
1 Chilischote
500g Möhren
Salz
Senf
Wildgewürz
2 Flaschen Schwarzbier

Speckscheiben auf dem Boden verteilen und im heißen Topf auslassen, das Fleisch salzen, würzen und mit Senf bestreichen. Auf den ausgelassenen Speck Zwiebeln und Fleisch schichten, obenauf die Möhren, Chili und Knoblauch legen und auch salzen und würzen. Schwarzbier aufgießen, bis alle Zutaten bedeckt sind. Den Feuertopf auf die Glut stellen und glühende Grillbriketts auf den Deckel legen. Die Garzeit beträgt ungefähr eine und eine halbe Stunde. Ab und an den Flüssigkeitsstand überprüfen und gegebenenfalls Bier nachgießen.

Erwin steht vor seinem hölzernen Räucherschrank, klopft an die Wände und schaut in das Innere. Dort sind die oberen Ecken schon bedenklich dunkel angeschmort. Also muss etwas Kompaktes her. Er holt sich in den nächsten Tagen von Pia zwei Hänger voll Abrissziegel. Vor der letzten Fuhre sitzen beide bei ihr im Hof in der Sonne und trinken ein Bier. Erwins Flasche ploppt anständig und Pia honoriert es mit einem zustimmenden Nicken. Daraufhin gibt es noch Ziegenkäsehäppchen und warme Blicke. Tags darauf beginnt Erwin, neben dem Backhaus einen Räucherofen zu mauern. Eine Woche später ist er damit fertig, die Rauchklappe und Ofentür hat er vom Räucherschrank genommen und angepasst, die Feuerluke bei Pia im Schuppen gefunden. Pia kommt am Mittwoch zur Begutachtung.

»Den müssen wir einweihen, Erwin. Fahr zu Busemann und kauf Forellen und dann laden wir zum Sonntag zum Räuchern ein.«

»Wir? Wir beide?« Erwin schmunzelt.

»Na ja. Die Steine sind von mir, die Arbeit von dir und die Fische bezahlen wir beide.«

»Du legst es wohl auf Ärger mit Suse und Berta an? Meinst du, dass du das überlebst?«

»Werde ich. Außerdem tut Abwechslung gut.«

»Mit wem oder mit was?«

»Na, überhaupt. Und ich war eher hier als Gesine.«

»Aha, daher weht der Wind. Jetzt wird es hier aber interessant und turbulent. Ob ich das wohl überlebe?«

»Wirst du. Und wo will sich Gesine niederlassen?«

»Hast du nicht Heins Balzaktionen beobachtet?«

»Und ob. Der schläft doch keine Nacht mehr ruhig.«

»Genau. Das rödelt sich von alleine.«

»Also ist Gesine für dich kein Thema mehr?«

»Nee, Pia. Ich steh auf Ziegenkäse und Ploppflaschen, rote Haare und rote Gummistiefel.«

Pia wird knallrot.

»Komm mal her, Pia.«

Pia steht vor Erwin und er nimmt sie in den Arm.

Pia genießt die Umarmung und seufzt leise.

»So machen wir das. Du lädst alle ein. Also den harten Kern, meine ich.«

»Sind ja mittlerweile fast alle. Wo ist denn Gesine?«

»Mit Hein in der Stadt. Über'n Markt latschen.«

Pia ist beruhigt, steigt auf ihr Klappfahrrad und wirft Erwin über die Schulter eine Kusshand zu. Der holt sich daraufhin erst mal einen Knoblauchschnaps.

Am Sonnabend Vormittag fährt Erwin zum Fischer Busemann und kauft Forellen. In der Küche stellt er sich eine Mischung aus körnigem Meersalz, Wacholderbeeren, Pfefferkörnern, Rosmarin und Thymian zusammen und mahlt alles klein. Pia hilft ihm dabei, die Fische einzureiben, dann kommen diese in einen Eimer mit Deckel. Gesine schaut ihnen dabei über die Schulter und erzählt, dass sie schon in der kommenden Woche auf dem Markt am Stand von Paul Birnenklau aushilft.

Erwins Befürchtungen hinsichtlich der Laune von Suse und Berta bestätigen sich nicht. Sie nehmen das Vorpreschen von Pia gelassen und haben bei dem Fischmahl beste Laune.

»Seid ihr nicht sauer«, fragt Erwin, »dass Pia heute das Zepter führt?«

»Nee Erwin. Alles gut. Wir beide sind ja auch schon älter geworden, da tut ein wenig Entspannung gut.«

Suse reckt ihre Nase in die Luft und Berta zwinkert Erwin zu; der weiß damit nichts anzufangen. Hein strahlt den ganzen Nachmittag Gesine an, die lustige Erlebnisse erzählt, Pia genießt ihre neue Rolle neben Erwin und Eichenkötter trinkt leise sein Bier. Hedwig notiert in ihrem Notizbuch, was sie noch alles je nach Saison zubereiten möchte. Später fahren alle wieder vom Hof, auch Pia. Gesine verschwindet flugs in ihrem Zirkuswagen und Hein lässt vor Enttäuschung seinen Pickup aufheulen. Als die Heulorgie verklungen ist, kommt Gesine wieder aus ihrem Wagen und setzt sich zu Erwin an den Tisch.

»Erwin? Pia? Hm?« fragt sie.

»Sei mal ganz entspannt, Gesine. Trinken wir noch einen Rotwein und schlafen dann mal drüber. Unser Freund Hein hat doch auch den Bagger erfunden.«

»Erfunden hat der den nicht, aber er ruckelt an den Hebeln rum, ohne die Kupplung zu treten.«

»Das lernt der auch noch. Türe zu, Kupplung treten. Ich werde ihm das mal flüstern.«

»Untersteh dich! Na ja, schaden kann es auch nicht.«

»Siehste, alles ist im Fließen.« Erwin grinst.

Nach fast zwei Wochen kulinarischer Enthaltsamkeit kündigt Hedwig einen Grillabend an. Sie fährt mit Erwin zu Josef Schleich und kauft einen Träger und eine Keule vom Wildschwein. Erwin löst Nacken- und Rückensteaks aus, die Hedwig am Freitag mariniert. Die Freunde treffen sich am Sonnabendnachmittag, Gesine hat vom Marktstand frisches Obst und Gemüse mitgebracht. Pia kam schon am Mittag ange-radelt und hat Blumen aus dem Garten auf den Tisch gestellt. Sie meint, Suse und Berta milde stimmen zu müssen. Hein fährt mit seinem Pickup vor und überreicht Gesine eine rote Rose.

»Hein, du Charmeur. Soll das ein Türöffner sein?«

Hein grinst verlegen. »Das kommt auf dich an.«

»Genau. Hab noch ein wenig Geduld, Hein. Der Mond ist erst eine Sichel, noch nicht mal halb.«

»Gut, wenigstens ein fahler Lichtblick.« Hein hüpft zum Pickup und holt eine Kiste Bier mit Plopp-flaschen.

Den alten selbst gebauten Grill heizt Erwin mit Buchenholz an, auf die Glut legt er später Grill-briketts. Hedwig hat die marinierten Steaks mit Zwiebeln und Kräutern einzeln in Alufolie einge-wickelt, die nun auf dem Grill garen. In der Zwischenzeit ploppt es reichlich, Hedwig und Pia sind in der Küche beschäftigt, Suse und Berta flachsen mit Erwin herum und fragen ihn, wer wohl heute bei ihm übernachtet. Erwin knurrt leise vor sich hin.

»Also wir nicht«, bemerkt Suse leise und reckt ihre Nase in die Höhe. »Nee, wir nicht«, sagt Berta resolut.

Die Mondsichel zeigt sich am Osthimmel und man bläst zum Aufbruch. Gesine drückt Hein zum Abschied und verschwindet in ihrem Wagen. Hein fährt mit Hedwig vom Hof und die Frauen besteigen ihre Fahrräder. Pia schwankt gewaltig und muss aufpassen, dass sie mit dem Fahrrad nicht zu Boden geht.

»Halt an, Pia. So schaffst du es nicht bis ins Dorf. Du bleibst heute hier.« Suse zieht Pia am Arm vom Fahrrad. Erwin steht abwartend da.

»Nun komm schon Erwin, bring das Fahrrad in den Schuppen.« Suse schiebt Pia in die Küche und stellt ihr ein Glas Wasser auf den Küchentisch. Erwin klappert mit dem Fahrrad im Schuppen umher. Als er aus dem Schuppen zurück kommt, fahren Berta und Suse gerade los. Erwin ruft ihnen noch einen Gute-Nacht-Gruß hinterher. Als Antwort hört er ein Kichern.

Als der Weg um die Ecke biegt, schnauft Berta.

»Vielleicht hat Pia ja auch etwas übertrieben, so besoffen ist die doch gar nicht.«

»Tja, kann sein. Jedenfalls hatten wir damals solche Tricks nicht nötig. Los, machen wir uns vom Acker.«

Berta und Suse radeln um die Wette; japsend kommen sie im Dorf an.

Erwin sperrt noch den Hühnerstall zu und geht in die Küche. Pia sitzt am Tisch, das Wasserglas ist halb leer.

»Tja, da musst du wohl im Tann übernachten. Soll ich dir auf dem Sofa ein Nachtlager bereiten, oder ...«

»Erst mal reicht mir das Sofa.« Pia lächelt und Erwin holt eine Decke und Kissen.

Erwin beugt sich am Morgen leise über Pia, die ihre Augen noch geschlossen hat. Er stupst sie an die Schulter. Pia hebt ihr rechtes Augenlid und schaut Erwin fröhlich ins Gesicht, dann klappt auch das linke Lid hoch. Erwin seufzt.

»Dir scheint es ja wieder gut zu gehen.«

»Bestens, Erwin. Bestens.«

»Dann sollten wir uns mal ein Katerfrühstück machen, mit starkem Kaffee.«

»Ein normales Frühstück reicht, Kater ist nicht.«

»Dachte ich mir schon.« Erwin kann sich ein breites Grinsen nicht verkneifen. Er stellt die Kaffeemaschine an und lässt die Hühner aus dem Stall. Kaum ist Giuseppe draußen, beginnt er lauthals zu krähen. In der Küche ist Pia dabei, den Tisch zu decken. Der Hahn kräht immer noch.

»Warum macht der Hahn so ein Spektakel?«

»Weiß ich auch nicht. Irgendetwas schwant ihm.«

Pia schüttelt ihre roten Locken.

»Hoffentlich Gutes.«

»Na, was sonst?«

Erwin schlägt vier Eier in die Pfanne.

Gegrillte Wildschwein-Steaks

Steaks aus Nacken und Keule
2 – 3 rote Zwiebeln
je eine Zehe Knoblauch pro Steak
Meersalz
Café de Paris - Gewürzmischung
Thymianzweige
Rosmarinzweige
frische Minzeblätter
Olivenöl

Die Zwiebeln in Ringe schneiden, die Knoblauch-
zehen in Scheiben. In eine Keramikschüssel eine
Schicht Zwiebelringe legen, darauf je eine Schicht
Steaks, gewürzt mit Meersalz und Café de Paris, darauf
die Knoblauchscheiben, Minzeblätter und Kräuter-
zweige legen, mit Olivenöl übergießen und wieder
Zwiebelringe für die nächste Schicht auslegen. Über
Nacht im Kühlschrank durchziehen lassen.

Jedes Steak mit Zutaten und einer Flocke Butter in
Alufolie wickeln und ca. 40 bis 45 Minuten grillen.

Dazu gibt es Knoblauch-Ingwer-Quark, Baguette und
Tomatensalat mit Estragon.

Café de Paris Gewürzmischung á la Erwin

4 TL Knoblauchgranulat
1½ TL Zwiebeln, granuliert
½ TL Curcuma, gemahlen
½ TL Koriander, ganz
1 TL Aleppopfeffer
5 TL Senfkörner, gelb
½ TL Rosenpaprika scharf
½ TL Ingwer, gemahlen
½ TL Kümmel, ganz
6 Stk. Cardamom, ganz
2 cm. Zimtstange
1 TL Zitronengras, geschnitten
1 TL Kreuzkümmel
1TL Chili-Flocken
5 Piment
9 Nelken
1 TL Pfeffer, schwarz
2 Stk. Jaborandi
3 TL Bockshornkleesamen
1 TL Curcuma
1 Sternanis
1 Lorbeerblatt
1 TL Fenchel
1 TL Rosmarin
1 TL Thymian
3 TL Estragon getrocknet

½ TL Brauner Rohrzucker
1 TL Meersalz
3 TL Oregano getrocknet
5 TL Petersilie getrocknet

Alle festen Gewürze, außer Petersilie und Oregano, Meersalz, Rohrzucker und die Granulate, in einer Mühle mahlen, mit den restlichen Gewürzen mischen. Danach Meersalz, Zucker, Petersilie und Oregano untermischen.

Mitte August sind die Aroniabeeren reif. Viel kommt bei der Ernte noch nicht zusammen, es lohnt nicht, daraus Marmelade zu machen. Hedwig schmökert in ihren Büchern und wird kreativ, sie will Hähnchen mit Aroniabeeren-Ingwer-Füllung zubereiten.

Es ist ein heißer Augusttag, Erwin und Gesine haben das Sonnensegel von der Einweihungsfeier wieder aufgespannt. Seit dem Vormittag ist Hedwig in der Küche beschäftigt, sie bereitet eine Gewürzmischung zu. Berta, Suse und Pia kommen gemeinsam angeradelt. Pia hilft Hedwig in der Küche, während Erwin und die anderen Frauen am Tisch sitzen und erzählen. Hedwig ist der Meinung, dass Pia zwar guten Käse macht, aber beim Kochen noch etwas lernen muss. Endlich kommt Hein und bringt, wie immer in der letzten Zeit, eine Kiste Plopp-Bier mit. Am Tisch ist das kollegiale Aufatmen nicht zu überhören. Es ploppt sogleich und lockt Hedwig und Pia aus der Küche.

»Ich sage euch mal was, ihr Plopp-Banausen«, der Verschluss von Hedwigs Flasche klirrt, als sie mit der Flasche auf Erwin zeigt. »Die Hexe brauchst du heute nicht anheizen, da versenge ich mir die Flügel. Ich koche in der Küche. Pia ist meine neue Beiköchin und ihr seid der kulturelle Teil der Veranstaltung.«

»Muss ich wieder auf Händen über den Tisch marschieren?« Gesine stützt sich auf den Tisch und streckt ihre Beine in die Waagerechte.

»Untersteh dich. Es reicht, wenn ihr das Essen lobt.«

»Das ist aber auch ein wenig langweilig.« Hein schmollt und schmachtet Gesine an.

»Ich sage dir mal was, Hein. Wenn du jemals in dem Zirkuswagen dort übernachten darfst, dann schlägst du für mich drei Purzelbäume.« Hedwig lächelt smart.

»Kein Problem.« Gesine hebt ihre Plopp-Flasche.

»Na dann. Komm Pia, ab in die Küche.«

Hein sitzt fassungslos am Tisch; kein Ton.

Erwin geht ins Haus und holt einen Zigarillo.

Berta und Suse schauen sich in die Augen.

»Frag doch mal die Maus«, sagt Suse.

»Frag doch mal den Hein«, kreischt Berta.

»Schnauze«, Erwin zieht am Zigarillo und bläst einen Rauchkreis in die Luft.

»Dort drin liegt die Zukunft.«

Flaschenklirren. Der Rauchkreis löst sich auf und Hein stützt den Kopf resigniert in seine Hände. Gesine geht um den Tisch und hebt beidhändig seinen Kopf an.

»Hein, Nebelkerzen waren schon immer schlechte Berater. Frag heute Abend lieber mal den Mond.«

Es gibt kühlen Weißwein zum Hähnchen, Hedwig wird gebührend gelobt und die Runde sitzt bis zum Einbruch der Dämmerung zusammen. Gesine läuft eine Runde auf Händen um den Tisch und bleibt vor Hein stehen.

»Schau mal Hein, was ich sehe«, sagt sie von unten.

Hein schaut hinunter zu Gesine.

»Nicht doch hier unten, schau mal nach oben.«

Der Mond zeigt sich satt und voll, Gesine hüpft wieder auf ihre Füße.

»Nun? Was sagt uns das?«

»Dass wir uns jetzt verduften«, antwortet Suse.

Die drei Frauen radeln gemeinsam nachhause, die Elfe fliegt hinterdrein. Irgendwie scheint Übereinstimmung zwischen ihnen zu bestehen, dass sich in ihren Verhältnissen zu Erwin zukünftig einiges verschieben wird.

Erwin wirft seinen Zigarillostumpen in die Hexe.

»Na denn, Gute Nacht.«

Gesine schiebt Hein sanft zum Zirkuswagen.

Huhn mit Aroniabeeren-Ingwer-Füllung

1 Hähnchen
Olivenöl
2 Zwiebeln
½ Knolle Knoblauchzehen
1 Chilischote
Salz, Pfeffer
Ras el-Hanout
Weißwein

Für die Füllung:
5 EL Aroniabeeren
4 TL Kokosblütenzucker
4 – 5 cm Ingwer
1 TL Ras el-Hanout
5 El Rosenblütenblätter

Das Hähnchen innen und außen salzen, die Füllung hinein tun und mit Rouladennadeln verschließen. In eine Auflaufform in Öl legen und mit Pfeffer und Ras el-Hanout würzen. Zwiebeln und Knoblauchzehen halbieren und in Scheiben schneiden, die Chilischote in Ringe schneiden und alles um das Hähnchen legen. Ein wenig Weißwein in den Bräter gießen und das Hähnchen anbraten, mit Wein ablöschen und zwischendurch immer mal wieder mit Bratensud begießen.

Ras el-Hanout

1 TL Szechuanpffer
3 Stk. Langer Pfeffer / Jaborandi
1 TL Kubebenpfeffer
1 TL Koriander
1 TL Kreuzkümmel
1 TL Schwarzkümmel
1 TL Kardamom
½ TL Sumachfrüchte
1 TL Fenchel
1 TL Kurkuma
Muskatnuss gerieben
1 TL Galgant
1 TL Ingwer
3 Stk. Sternanis
13 Nelken
4 cm Zimt
3 Lorbeerblätter
4 TL Rosenblüten
1 TL Lavendelblüten
1 TL Macis
5 Stk. Pimentkörner
1 TL Jasminblüten
1 TL Paprika rosenscharf

Die Hundstage ziehen vorüber, es wird wieder kühler. Hein entwickelt sich zu Gesines Chauffeur, er fährt sie an ihren Arbeitstagen zum Markt und außerdem noch am Freitag Abend zwei Dörfer weiter in den Gasthof *Zur abgehackten Linde*, wo sie kellnert. Der Gasthof hieß vor Jahren eigentlich nur *Zur Linde*, aber die Linde musste einer Straßenverbreiterung weichen und der Wirt ist ein lustiger Typ. Neben dem Kneipensaal ist sogar noch eine Kegelbahn. Ab und an ballert sich dort der Feuerwehrverein dicht.

Der harte Kern um Erwin trifft sich am Sonnabend wieder zum kochen, es soll Lammragout marokkanisch geben. Da Pia wieder bei Hedwig in der Küche einen Kochkurs absolviert, vergnügen sich die anderen am Gartentisch. Gesine berichtet von ihren ersten beiden Kellnerabenden und Berta und Suse tuscheln zwischendurch immer mal wieder und sind dabei sehr vergnügt.

»Was gibt es zu tuscheln?« Gesine ist neugierig.

»Irgendetwas hecken die aus«, knurrt Erwin.

»Nix weiter.« Suse reckt ihre Nase in die Höhe.

»Nee, nicht der Rede wert.« Berta mit Pokergesicht.

Pia kommt aus der Küche und holt sich ein Bier.

»Erwin, du sollst die Hexe anheizen, damit wir gegen Abend essen können. Bis dahin gibt es Käse, Brot, Butter und Oliven.«

»Und Plopp-Bier.« Hein ist seit einigen Wochen völlig überdreht.

»Wenn der so weiter macht, kriegt er keinen Baum mehr flachgelegt.«

»Nee, der legt ja jetzt … Schon gut.«

Erwin winkt ab, steht auf und heizt die Hexe an.

Suse und Berta schlendern über die Wiese bis zum Waldrand und bringen eine handvoll Pilze mit.

»Schaut mal, Regenpilze und Kommunistenbeene.«

»Nelkenschwindling und Rotfußröhrling«, korrigiert Hedwig. »Die kommen gleich mit in den Topf.«

Als sich die Runde am Abend auflöst, warten Berta und Pia am Hoftor auf Suse, die immer noch in der Küche hantiert.

»Komm, fahren wir. Suse bleibt heute hier.«

»Was?« Pia sieht in diesem Moment ihre Felle weit wegschwimmen.

»Keine Panik, Pia.« Berta legt ihr die Hand auf die Schulter. »Ein leiser Abschied sollte schon sein.«

»Stimmt, ist auch wieder wahr. Fahren wir.«

Die Hoffnung steigt in Pia sachte wieder auf. Berta und Pia radeln den dunklen Feldweg gemächlich zum Dorf und verabschieden sich an der Weggabelung.

Bevor sich Hedwig auf den Nachhauseweg macht, fordert sie von Hein die drei Purzelbäume ein. Dann schwirrt sie lächelnd ab.

Hein klopft sich den Staub von Hemd und Hose, dann schließt sich die Tür zum Zirkuswagen und die Lichter beginnen zu blinkern.

Lammragout marokkanisch

ca. 1 kg Lammfleisch
3 rote Zwiebeln
1 Knolle Knoblauch
5 cm Ingwer
1 Chilischote
7 getrocknete Feigen
Rosinen in Rum eingelegt
11 Wacholderbeeren
3 cm Zimtstange
11 Nelken
3 TL Baharat-Gewürzmischung
Salz
Rotwein
Olivenöl

Das in Würfel geschnittene Fleisch in einem gusseisernen Topf anbraten, mit Salz und Baharat würzen
und Wacholderbeeren, Nelken und Zimt hinzufügen.
Die Zwiebeln, Knoblauch, Chili und Ingwer in einem
separaten Tiegel mit Öl anschwitzen, salzen und ein
wenig mit Baharat würzen, zum Ragout geben und mit
Rotwein ablöschen.

Im selben Tiegel die halbierten Feigen in Öl
karamellisieren und zum Ragout geben, den Rest
Bratensatz im Topf mit einem Schuß Rotwein
ablöschen und zusammen mit den Rosinen zum
Ragout geben, eventuell mit Salz und Baharat

abschmecken. Zwei Stunden köcheln lassen, aber stetig umrühren, damit es nicht ansetzt.

Dazu gibt es Couscous.

Baharat-Gewürzmischung

1 TL schwarzer Pfeffer
1 TL Szechuan-Pfeffer
1 TL Mohrenpfeffer
1 TL Malaguetta-Pfeffer (Paradieskörner)
2 TL Kreuzkümmel
4 TL Paprika
1 TL Koriander
1 TL Nelken
½ TL Muskatnuss gerieben
1 TL Zimt
1 TL Ingwer
1 TL Kardamomsaat
½ TL Chili

Mitten in der Woche fährt Josef Schleich abends auf den Hof. Er holt zwei Nutrias aus seinem Jeep, die er am Fluss geschossen hat.

»Die unterhöhlen den Deich und vermehren sich fast so schnell wie Karnickel. Aber schmecken gut.«

»Da wird sich Hedwig wohl freuen, das bringt Abwechslung in ihren Speiseplan. Dann wetz schon mal das Messer.«

Erwin holt zwei lange Nägel und schlägt sie an der Stirnseite vom Schuppen in die Wand. Josef hängt einen Nutria an den Füßen mit Schlaufen von Gärtnerschnur auf und pelzt ihn ab. Dann folgt der zweite und beide Nutrias wandern in Erwins Kühltruhe. Nach zwei Bieren fährt Josef wieder vom Hof und Erwin informiert alle über das Nutriaessen.

»Ja, gibt es was, das Hedwig in ihrem Leben noch nicht gekocht hat? Das war wieder vorzüglich.«

Erwin umarmt Hedwig und Pia, die Beiköchin.

»In zwei Wochen veranstalten wir ein kleines Herbstfest. Was haltet ihr davon?«

Alle sind natürlich begeistert und nach einem letzten Knoblauchschnaps löst sich die Runde auf. Hein fährt mit Gesine in sein Forsthaus, unterwegs setzen sie Hedwig zuhause ab. Die Lichter vom Zirkuswagen bleiben aus.

Berta bleibt im Haus und Pia und Suse radeln in das Dorf. Pia trägt es mit Fassung.

Nutria im Schmortopf

Den Nutria zerlegen in Keulen, Vorderläufe und zwei Rückenstücken. Die Bauchlappen von den Rippen abtrennen, aus denen werden Rouladen zubereitet.

Erdnussöl
Salz
Pfeffer
Erotic-Curry
Zimt 3cm
13 Wacholderbeeren
3 Kapseln schwarzer Cardamom, geöffnet
Thymian
Scheiben von einer Zitrone
3 Zwiebeln
½ Knolle Knoblauch
4 kleine Cornichons
Weißwein

Den Boden einer Kasserolle mit Erdnussöl bedecken, die Nutriateile auf der Unterseite salzen und pfeffern und hineinlegen. Dazwischen kommen die Wacholderbeeren, Zimt und Thymianzweige und drei geöffnete Kapseln Cardamom. Die Nutriateile von oben salzen und mit Erotic-Currymischung würzen, mit Olivenöl beträufeln und mit Zitronenscheiben abdecken. Alles anbraten und mit Weißwein ablöschen.
Aus den Bauchlappen Rouladen mit Zwiebelstreifen, Knoblauch und Cornichons wickeln und würzen. Die

Rouladen in einem separaten Topf anbraten und wenden, restliche Zwiebelringe und Knoblauchzehen hinzugeben. Wenn die Zwiebeln glasig sind, ablöschen und schmoren lassen.

Den Freitag, eine Woche vor dem Herbstfest, laden Suse und Berta zu einem Kegelabend im Gasthof *Zur abgehackten Linde* ein. Gesine kellnert dort an diesem Abend und Erwin, Hedwig, Pia und Hein sind auch dort. Berta und Suse zeigen beste Laune.

»Wird das hier ein Preiskegeln? Ihr seid beide so aufgedreht. Sagt an.« Erwin nibbelt an seinem Bier.

»Natürlich wird das ein Preiskegeln«, sagt Suse spitz.

»Aha. Was gibt es zu gewinnen?« Pia hat rote Wangen vor Aufregung.

»Einen Schatz aus dem Walde.« Berta grinst.

»Was soll denn das sein?«

»*Wer soll das sein* lautet die Frage.«

»Noch bescheuerter. Wer soll das also sein?«

»Du, Erwin. Du bist der Preis.«

Erwin verschluckt sich am Bier, Berta und Suse klopfen ihm den Rücken.

»Es gibt nur drei Teilnehmer beim Kegeln«, erklärt Suse. »Pia, Berta und mich. Hedwig ist Schiedsrichter.«

»Seit wann gibt es beim Kegeln einen Schiedsrichter?«

»Sagen wir mal so, Hedwig gibt die gefallenen Kegel bekannt und die Platzierung. Wir kegeln drei Runden.«

Gesine kommt mit einem weiteren Tablett Bier.

»Die kegeln jetzt Erwin aus«, krächzt Hein.

»Auf zur ersten Runde«, ruft Berta.

»Es kann nur Eine geben«, fügt Suse hinzu.

Pia schüttelt kampfbereit ihre roten Locken.

In der ersten Runde treffen alle drei Frauen nicht einen einzigen Kegel.

»Wir sollten erst einmal drei Trainingsrunden ein-
legen, sonst kommen wir zu keinem Ergebnis.«

Nach drei Trainingsrunden klappt es schon ganz gut
und Hedwig gibt den Wettkampf frei.

Nach der ersten Runde verkündet Hedwig:

»Berta sechs, Pia drei und Suse fünf Kegel.«

Nach der zweiten Runde verkündet Hedwig:

»Berta vier, Pia fünf und Suse sieben Kegel.«

»Die letzte Runde gilt«, ruft Suse.

Berta kegelt. »Sieben Kegel«, ruft Hedwig.

Pia kegelt. »Alle Neune!« Hedwig schwirrt eine
Runde durch den Saal, alle klatschen.

Suse kegelt. »Fünf Kegel«, ruft Hedwig.

Berta und Suse umarmen Pia, die verstört guckt.

»Es kann nur diese Eine geben.« Suse reckt eine
Faust in die Höhe, Pia hat jetzt feuchte Augen.

Gesine lugt durch die Saaltür.

»Bring uns neues Bier und Malteser«, ruft Erwin.

Das Bier kommt und auch die Malteser.

»Prost auf den ganzen Zirkus hier.«

»Das meinen wir ernst, Erwin.«

»Ach was, ihr habt doch geschummelt.«

»Wir? Niemals!« Berta und Suse bleiben resolut.

»Es war alles korrekt«, gibt Hedwig bekannt.

»Genau.« Pia fällt Erwin um den Hals.

»Ich habe gewonnen!«

»Pia hat gewonnen«, rufen alle.

Die Tage an diesem Wochenende bleiben für Erwin ruhig. Am Sonntagnachmittag kommt Hedwig mit einem Leinenbeutel voller Weinblätter. Diese legt sie zusammen mit Erwin in Salzlake ein, denn sie möchte zum Herbstfest gefüllte Weinblattröllchen zubereiten.

»Ich dachte, Pia ist auch hier.«

»Deine Beiköchin muss wohl erst einmal ihren Sieg mental verarbeiten und wieder Kraft sammeln.«

»Genau. Und den Hauptgewinn verdauen.«

»Bin ich denn so ein zähes Stück?«

»Manchmal schon.«

»Ach. Na ja, - nee, Hedwig.«

»Nein, bist du nicht. Ich meine, Pia wurde ja von Berta und Suse ganz schön überrumpelt. Ich finde, dieses Preiskegeln war eine lustige Idee. Ganz kampflos wollten die beiden Pia das Feld auch nicht überlassen.«

»Tja, Hedwig, ein Glück, dass du ein Neutrum bist, sonst wäre hier noch viel mehr los.«

»Wirst du jemals erwachsen, Erwin?«

Hedwig nimmt ihre Umhängetasche und schwirrt ab nachhause.

Erwin steht noch einen Moment grübelnd in der Küche, gießt sich dann einen Rotwein ein und setzt sich an den Gartentisch. Von Gesine ist noch nichts zu sehen, der Zirkuswagen steht dunkel in der Abenddämmerung. Erwin prostet dem Mond zu.

Weinblätter in Salzlake

für 2 Gläser á 720 ml

Weinblätter
80g Meersalz auf 1 Liter Wasser
1 EL Zucker
Saft von einer halben Zitrone

Die Weinblätter mit Wasser, Salz und Zucker aufsetzen, einmal aufkochen lassen und ca. 2 Minuten köcheln, die Blätter heraus nehmen und auf Küchentüchern abtropfen lassen. Danach in ein Glas schichten und mit heißer Lake übergießen, den Zitronensaft hinzu geben, die Gläser verschließen und abkühlen lassen.

Am Morgen, als das Herbstfest stattfindet, steht Erwin schon mit den Hühnern auf und heizt den Backofen vor. Hedwig und Pia beginnen am frühen Vormittag in der Küche zu hantieren, Berta und Suse flechten einen Blumenkranz. In der Mittagsstunde backt Hedwig im Backofen zwei Guglhupfe, einen süßen und einen mit Speck und Zwiebeln. Pia hat dazu zwei Steingutformen mitgebracht. Nach den Guglhupfen schiebt Hedwig noch zwei Bauernbrote in den Backofen. Hein kommt mit Gesine vom Markt, sie bringen frisches Obst und Gemüse mit. Erwin hat den Feuertopf auf die Feuerstelle gestellt und bereitet darin gemeinsam mit Hedwig Aal in Schwarzbier zu, Pia ist an der Kochhexe mit den Weinblattröllchen und Mangold beschäftigt. Endlich kommt auch Hermann Eichenkötter und die Feier wird mit den beiden Guglhupfen eingeläutet. Hein wertet krächzend und lautstark noch das Preiskegeln aus, Eichenkötter nickt dazu und reckt seine Plopp-Flasche in die Höhe.

»Ich habe eine Bitte an dich, Hermann«, Hein beugt sich über den Tisch. »Ich möchte, ...«

»Wir beide möchten«, unterbricht ihn Gesine.

»... dass du Gesines Zirkuswagen zu mir neben das Forsthaus ziehst.«

»Geht klar, Hein.« Beide stoßen mit ihren Pullen an.

Bevor sich die Runde auflöst, schießt Hedwig noch von allen ein Foto. Jeder muss sich den Erntekranz vor das Gesicht halten und durchschauen; es leuchten rote Wangen und Nasen. Als alle auf dem Heimweg sind, steigt Pia stolz die Treppe zur Schlafkammer hoch.

Guglhupf mit Speck und Zwiebeln

500 g Weizenmehl
1 Würfel Hefe
250 ml Milch
160 g Butter
1 Ei
1 TL Salz
1 EL Zucker
200 g Speck
1 Zwiebel
1 TL Erotic-Curry
Pfeffer aus der Mühle
½ TL Chiliflocken

Mehl in eine Schüssel geben und in der Mitte eine Mulde formen, die Hefe hinein bröckeln, eine Prise Zucker darüber streuen und mit wenig Mehl bedecken. Darauf die Hälfte der zimmerwarmen Milch geben. Die Schüssel mit einem Tuch abdecken und die Hefe aufgehen lassen.
Salz, Zucker, Pfeffer, E-Curry, weiche Butter, das Ei und die restliche Milch zum Vorteig geben und zu einem weichen Teig kneten. Den Teig um das Doppelte gehen lassen. In einer Bratpfanne die Speckwürfel und Zwiebelwürfel anschwitzen, zum Teig geben und nochmals vorsichtig durchkneten. In einer gut gebutterten Form nochmals kurz gehen lassen. Bei ca. 200° C 45 - 50 Minuten backen.

Waldschrats Weinblattröllchen

770 g Gehacktes
1 mittelgroße Zwiebeln
7 Zehen Knoblauch
1 Chilischote
3 - 5 cm Ingwer
frische Minze und Zitronenmelisse
Koriandergrün und Schnittknoblauch
Salz
Erotic-Currymischung
eingelegte Weinblätter
Wildfond

Zwiebel, Knoblauch, Chilischote und Ingwer klein-
hacken, in einem gusseisernen Topf glasieren und
abkühlen lassen. Dann das Gehackte mit dem Wurzelwerk, Salz und Erotic-Curry vermengen und abschmecken. Je nach Größe der Weinblätter eine
Portion auflegen, die Seiten hochschlagen, frische
Kräuter über die Gehacktesmasse legen und
zusammenrollen. Die Röllchen dicht an dicht in den
Topf geben, Wildfond aufgießen bis sie bedeckt sind,
kurz aufkochen und dann 45 Minuten köcheln lassen.

Aal in Schwarzbier

3 Aale ca. 1500g
0,5 l Schwarzbier oder Porter
2 Zwiebeln
5 Zehen Knoblauch
3 cm Ingwer
5 Nelken
Salbei und Minze nach Gutdünken, frisch in schmale Streifen geschnitten
Petersilie, frisch geschnitten oder getrocknet
Salz und Pfeffer
Café de Paris
½ EL Zucker

Die Aale ohne Kopf und Schwanz in zweifingerbreite Stücke schneiden, in einem gusseisernen Topf in Öl auf der Fleischseite anbraten, salzen und pfeffern, die Aalstückchen wenden und mit Café de Paris würzen. Kleingeschnittene Zwiebeln, Ingwer und Knoblauch dazugeben. Wenn die Zwiebeln glasig sind, mit Schwarzbier ablöschen, Nelken, Kräuter und Zucker dazu geben und auf kleiner Flamme ca. 25 Minuten köcheln lassen, Sauce mit Café de Paris nachwürzen und abschmecken.
Dazu gibt es Mangold mit Zwiebelwürfeln.

Café de Paris á la Erwin

4 TL Knoblauchgranulat
1 ½ TL Zwiebel granuliert
½ TL Curcuma gemahlen
½ TL Koriander ganz
1 TL Aleppopfeffer
5 TL Senfkörner gelb
½ TL Rosenpaprika scharf
½ TL Ingwer gemahlen
½ TL Brauner Rohrzucker, unraffiniert
½ TL Kümmel ganz
6 Stk. Cardamom ganz
2 cm. Zimtstange
1 TL Zitronengras, geschnitten
1 TL Kreuzkümmel
1 TL Chilis Flocken
5 Piment ganz
7 Nelken ganz
1 TL Pfeffer schwarz ganz
2 Stk. Jaborandi
3 TL Bockshornkleesamen, gemahlen
1 TL Curcuma
1 Sternanis
1 Lorbeerblatt
je 1 TL Fenchel, Rosmarin, Thymian
1 TL Meersalz
3 TL Petersilie, getrocknet
2 TL Estragon á getrocknet
2 TL Oregano getrocknet

Am Abend, bevor Eichenkötter den Zirkuswagen zum Forsthaus zieht, sitzen Erwin, Pia, Gesine und Hein noch bei einem Rotwein zusammen.

»Es ist doch nicht weit für euch bis zum Forsthaus, kommt uns auch mal besuchen.«

»Wir können ja nicht immer bei euch Bambule machen«, krächzt Hein.

»Genau«, ergänzt Gesine. »Wir werden demnächst auch ein kleines Fest veranstalten.«

»Verlobung?« Erwin feixt.

»Quatsch, nur mal so. Ihr habt uns ja schließlich zusammengebracht.«

»Ach was, das hat sich doch von alleine gerödelt.«

Am nächsten Tag ist der Zirkuswagen nicht mehr da, Erwin sitzt versonnen am Gartentisch. Der Herbst beginnt, sich golden zu färben. Eines Abends schaut die Elfe bei Erwin vorbei. Sie holt aus ihrer Umhängetasche das Notizbuch mit den Eselsohren, in welchem sie die Rezepte notiert.

»Wir werden uns im Feuertopf einen Ritterhahn zubereiten, also zwei, damit es für alle reicht. Ich habe mit der Truppe schon telefoniert und sie eingeladen.«

»Prima. Wir wollen hier nicht in Untätigkeit versinken, nur weil sich das Personenkarussel etwas gedreht hat.«

»So ist es, Erwin. Und niemand ist irgendjemandem böse. Allen geht es gut. Wir kochen und wir feiern.«

Hedwig macht sich auf den Heimweg, Pia kommt auf ihrem Klapp-Fahrrad angefahren.

»Ach mein Ritterhühnchen«, sagt Erwin, als er Pia in den Arm nimmt.

»Schon was getrunken, Erwin? Mit Hedwig?«

»Nee, Hedwig hat das Wochenende verplant. Es gibt Ritterhahn und du bist mein Burgfräulein.«

»Ich weiß, sie hat ja einen Rundruf getätigt. Mir ist kalt, die Ziegen wärmen mich nicht. Machst du das?«

Erwin wärmt.

Hedwig und Pia füllen den Feuertopf mit allen Zutaten, wie es im Rezept steht. Erwin liest es sich durch, nachdem er draußen Feuer gemacht hat.

»Mit Linsen? Gibt es dazu nicht Kartoffeln?«

»Nee, die Ritter hatten noch keine Kartoffeln.«

»Aber Macis, was? Du flunkerst doch, Hedwig.«

»Ich flunkere nicht. Es gab doch Gewürzhändler. Das weiß ich von meiner alten Tante Huberta, die hat mir das vor sehr vielen Jahren erzählt, also einiges über die Mittelalterküche. Sie hat damals beim Ritter Gerold von Graulhausen in der Küche gearbeitet. «

»Was? Wie alt ist die denn geworden?«

»437 Jahre.«

»Beachtlich. Wie alt bist du eigentlich, Hedwig?«

»Das sage ich dir nicht.«

»Aha, also schon eine alte Schachtel.«

»Allerdings.«

Über Hedwigs Gesicht huscht ein Lächeln.

Ritterhahn im Feuertopf und Linsen

1 Hähnchen
150g Schinkenspeck
Schmalz
Suppengrün und 2 bis 3 Möhren
4 Zwiebeln
5 Zehen Knoblauch
5 cm Ingwer
1 TL Macis
9 Wacholderbeeren
Salz und Pfeffer
Wildgewürz-Mischung
0,5 l Porter oder Schwarzbier
250g Rote Linsen

Das Hähnchen in vier Stücke zerteilen. Den Schinkenspeck in Streifen schneiden und mit wenig Schmalz im Feuertopf anbraten, die Speckstreifen heraus nehmen und das gesalzene und gepfefferte Hähnchen in Schmalz anbraten. Die Hähnchenteile wieder heraus nehmen, Schmalz in einer kleinen Schüssel auffangen und die Speckstreifen wieder in den Topf geben, etwas Schmalz hinzufügen. Zwiebeln, Möhren, Ingwer und Knoblauch schichten, salzen und pfeffern, Wildgewürz und das Bier aufgießen, obenauf die Hähnchenteile legen, Bratenschmalz darübergießen und alles schmoren lassen, eventuell zwischendurch weiteres Bier zugießen.
Garzeit ca. 1 Stunde, die Linsen extra zubereiten.

Hein und Gesine haben in das Forsthaus eingeladen. Erwin ist mit den vier Frauen in seinem Lada Niva durch den Wald getuckert und Eichenkötter mit dem Moped, denn sein Hof ist nicht weit vom Forsthaus entfernt. Gesine hat Wildgoulasch zubereitet und nach dem Essen sitzen alle gemütlich am Kamin. Hein erzählt wie ein Wasserfall und schmiedet Zukunftspläne, ab und zu ploppt eine Bierflasche oder Rotwein gluckert in die Gläser.

»Wo ist denn dein Krächzen abgeblieben?« fragt Berta. »So klar habe ich dich jahrelang nicht gehört.«

»Das Krächzen hat Gesine geheilt.«

»Oha, ich wusste gar nicht, dass sie auch Krankenschwester ist«, meint Suse.

»Ich denke mir«, kichert Berta, »dass bei einer artistischen Einlage dem Hein das Krächzen aus dem Halse entwichen ist.«

»Diese Therapie geht euch gar nüscht an.«

Hein krächzt jetzt wieder.

Hedwig wechselt das Thema und die Stimmung ist wieder hergestellt. Als sich die Gäste auf den Heimweg begeben, hat Hein wieder eine klare Stimme.

Das Moped knattert und der Lada schrapelt durch den Wald. Der Mond lugt hinter einer Wolke hervor. Gesine schaltet die Lichter von ihrem Zirkuswagen an und geht wieder zu Hein ins Forsthaus.

148

Wildgoulasch von Gesine

1 kg Wild in kleine Stückchen geschnitten
2 Zwiebeln
5 Knoblauchzehen
13 Wacholderbeeren, zerstoßen
3 Blätter Lorbeer
7 Nelken, zerstoßen
Rosmarin, getrocknet
Tomatenmark
Rotwein
Olivenöl
Salz und Pfeffer aus der Mühle
½ Zitrone
1 Glas Preiselbeeren

In einem Mörser eine Mischung aus Wacholderbeeren, Nelken und Lorbeerblättern herstellen. Zu dieser Mischung den fein geschnittenen Knoblauch, etwas Pfeffer aus der Mühle und Rosmarin hinzugeben. Das klein geschnittene Fleisch kommt in eine Keramikschüssel und wird mit ein wenig Olivenöl übergossen, dazu kommt der Saft einer halben Zitrone. Dann die Gewürzmischung dazu geben und alles vermengen, eventuell noch ein wenig Öl darüber gießen. Abgedeckt sollte die Schüssel wenigstens 12 Stunden im Kühlschrank ruhen.

Das eingelegte Fleisch mit allen Zutaten in einem gusseisernen Topf oder Bräter in Olivenöl anbraten und salzen. Kurz nach dem anbraten die gewürfelten Zwiebeln hinzufügen und wenn diese glasig sind, eine Tube Tomatenmark unterrühren. Dann mit Rotwein ablöschen und auf kleiner Flamme köcheln lassen. Ab und zu mal schauen, ob etwas Rotwein nachgegossen werden muss. Wenn das Fleisch gar ist, kommen die Preiselbeeren in den Topf und ziehen noch ein wenig mit.

Dazu gibt es Kartoffelklöße und Rotkohl.

Buntes Laub bedeckt den Waldboden, es wird kälter und die Kochabenteuer spärlicher. Josef Schleich hat einen Fasan geschossen und schenkt ihn Erwin.

»Das wird ein feines Mahl«, frohlockt Hedwig.

»Den essen nur wir drei. Du, Pia und ich.«

»Mehr ist an dem auch nicht dran«, schnauft Erwin.

»Ich werde uns dazu einen guten Bordeaux kaufen.«

Pia zieht einige Schwanzfedern aus dem Fasan und bindet sie zu einem Strauß zusammen.

»Die hänge ich an das Geweih vom Wolpertinger.«

Hedwig brüht den Fasan einige Minuten in einem Zinkeimer und rupft ihn dann vorsichtig, um die Haut nicht reißen zu lassen. Dann ist Erwin dran und nimmt ihn aus, schneidet den Hals samt Kopf kurz über der Brust ab und auch die Unterschenkel.

»Sag mal, hast du auch alles notiert für ein Buch? Du hast doch die Rezepte manchmal noch je nach Laune spontan abgewandelt.«

»Alles notiert.« Hedwig holt zwei Hefte aus ihrer Umhängetasche. »In einem stehen die Rezepte, im anderen die Abenteuer.«

Waldschrats Fasan

1 Wildfasan
100g Speck
2 Schalotten
7 Zehen Knoblauch
Getrocknete Cranberries
Rosenblütenblätter
Ras el-Hanout
2 Zwiebeln
3 Möhren
1 Apfel
1 kleine Sellerieknolle
Olivenöl
Rotwein
Salz und Pfeffer
Zwirnfaden

Den Fasan innen salzen und mit Ras el-Hanout
würzen, aus Schalotten, Knoblauch, Cranberries und
Rosenblättern eine Füllung herstellen. Dann den Fasan
mit Zwirn umwickeln und dabei Speckstreifen unter
den Zwirn klemmen, rundum salzen und pfeffern und
mit Ras el-Hanout würzen. Den Fasan in einem Bräter
von beiden Seiten anbraten, mit Rotwein ablöschen
und dann Zwiebeln, Knoblauch, Sellerie, Möhren und
Apfelschieben hinzugeben. Das Gemüse auch mit Ras
el-Hanout würzen. Bei wenig über 100°C mit Deckel
ca. 3 Stunden köcheln lassen, eventuell Rotwein
nachgießen. Bratenfond mit etwas Gemüse ab-

schöpfen. Für die Sauce den Bratenfond mit Rotwein verdünnen, Cranberries hinzu geben und aufkochen lassen. Das Gemüse und die Cranberries pürieren und die Sauce reduzieren lassen.

Der volle Knochenteller ist stummer Zeuge von dem Festmahl. Erwin stochert mit dem Korkenzieher zwischen seinen Zähnen herum.

»Warum leben Elfen eigentlich so lange?« fragt Pia.

»Weil sie immer gebraucht werden.« Hedwig lacht.

»Nein, das ist nur eine Nebenerscheinung. Elfen leben so lange, weil sie keine schlechten Charaktereigenschaften von den Menschen an sich haben. Gier, Neid, Missgunst, Niedertracht, Verleumdung, Rachsucht und Hochmut kennen sie nicht.«

»Dann möchte ich mich wie eine Elfe benehmen.«

Pia prostet Hedwig zu, Erwin hebt seinen Becher.

»Und ich wie ein Elf.«

Hedwig lacht laut auf.

»Du bleib mal lieber der Waldschrat, der du bist.«

Pia nickt frenetisch und schüttelt dabei ihre roten Locken, als sei sie auf einem Konzert in Wacken.

Figuren

Erwin Niedermörtel, Waldschrat
Hedwig von Kofelder, Elfe, Erwins Vertraute
Berta Höhenflug, Erwins Freundin
Suse Mabuse, Erwins Freundin
Hein Ziesenwusel, Erwins Freund, Forstmann
Hermann Eichenkötter, Bauer und Jäger
Pia Wollust, bewohnt die alte Ziegelei, hält Ziegen
Josef Schleich, Jäger
Friedrich Busemann, Fischer
Raimund Schabalski, Schafzüchter
Gesine Überschlag, Erwins verflossene Zirkusartistin
Die scheue Kunkel, Wurzel- und Kräuterhexe
Der Mond, Beobachter und Ratgeber

Der Mond im Schlafrock

Der Mond trinkt in seiner Pause zu gerne Caipirinha, muss schwarze Löcher stopfen, bekommt einen Orden und weist letztendlich die Kosmische Kälte in die Liebe ein. Eine lockere Zusammenstellung von Kurzgeschichten, Versen und Liedertexten. Gedanken über das Leben und die Liebe, poetisch verformte Erfahrungen; und nicht zuletzt Skurriles in Verse gefasst. Glaubhafte und fantastische Randerscheinungen des realen Lebens und irrer Träume. Die Einordnung möge der Leser selbst vornehmen.

ISBN 978-3-7322-4050-0
BoD – Books on Demand 2013
www.mond-im-schlafrock.de

Der Mond kocht

Bisher wissen wir, dass der Mond in seinen Pausen gerne Caipirinha trinkt, schwarze Löcher stopft, die Kosmische Kälte in Sachen Liebe aufklärt und mit der kleinen Sterneputzerin poussiert. Nun bringt ihm die irdische Elfe Hedwig von Kofelder das Kochen bei, denn Liebe geht auch im galakt-ischen Raum durch den Magen.

Von Quittengelee bis Lammbraten beschreibt die Elfe, wie man es zubereitet - aufgelockert mit elfischen Versen.

ISBN   978-3-7392-3424-3
BoD – Books on Demand 2016
www.mondkochbuch.de

Kochen wie ein Waldschrat

Der Elfe irdischer Nachbar Erwin Niedermörtel hat im Kampf um die Gunst seiner weiblichen Wald- mitbewohnerinnen Suse und Hummel-Berta ein wenig Trübsal geblasen. Was liegt also näher, als dass die Elfe den Waldschrat aufrüttelt und mit ihm gemeinsam seine in Vergessenheit geratenen Kochkünste samt seiner alten Klabache aufpeppt. Als Waldschrat kocht man einfach und herzhaft, ohne Schnickschnack auf dem Teller. Der Mond ist diesmal nur Beobachter - elfische Verse sind die poetische Würze.

ISBN 978-3-7460-3554-3
BoD – Books on Demand 2018
www.mondkochbuch.de

Mattmanns Blues

Mattmann zieht aufs Land, krempelt sein Leben ein wenig um. Dort lernt er Charlotte kennen und lieben. Beide errichten sich eine gemeinsames Reich des Wohlfühlens und der Geborgenheit, aber alte seelische Wunden brechen in Mattmann wieder auf. Und dann passiert die Sache mit dem Martiniglas.

ISBN 978-3-7543-1677-1
BoD – Books on Demand 2022
www.mattmanns-blues.de